基于乡村振兴的
农业经济管理探索

王寿辰　秦　伟　刘平平　著

哈尔滨出版社
HARBIN PUBLISHING HOUSE

图书在版编目（CIP）数据

基于乡村振兴的农业经济管理探索 / 王寿辰，秦伟，刘平平著. -- 哈尔滨：哈尔滨出版社，2024.1
ISBN 978-7-5484-7464-7

Ⅰ.①基… Ⅱ.①王… ②秦… ③刘… Ⅲ.①农业经济管理－研究－中国 Ⅳ.①F322

中国国家版本馆CIP数据核字（2023）第156390号

书　　名：**基于乡村振兴的农业经济管理探索**
JIYU XIANGCUN ZHENXING DE NONGYE JINGJI GUANLI TANSUO

作　　者：王寿辰　秦　伟　刘平平　著
责任编辑：韩伟锋
封面设计：张　华
出版发行：哈尔滨出版社（Harbin Publishing House）
社　　址：哈尔滨市香坊区泰山路82-9号　邮编：150090
经　　销：全国新华书店
印　　刷：廊坊市广阳区九洲印刷厂
网　　址：www.hrbcbs.com
E－mail：hrbcbs@yeah.net
编辑版权热线：（0451）87900271　87900272
开　　本：787mm×1092mm　1/16　印张：10.5　字数：230千字
版　　次：2024年1月第1版
印　　次：2024年1月第1次印刷
书　　号：ISBN 978-7-5484-7464-7
定　　价：76.00元

凡购本社图书发现印装错误，请与本社印制部联系调换。
服务热线：（0451）87900279

前　言

乡村振兴战略是我国农业经济发展的重要组成部分，党的十九大报告提出了乡村振兴战略。2018年中央一号文件对乡村振兴战略进行了详细的解释，并提出了乡村振兴战略实施的重要性和必要性。实施乡村振兴战略不仅能够有效地解决"三农"问题，同时还可以提高农民的生产积极性，改善农村的产业结构，保证农业经济平稳发展，提高乡村的整体发展水平，对促进我国经济和社会发展具有重要作用。

乡村振兴战略的主要任务是调整与改进农业产业结构，推动农业经济不断发展，显著改善农民经济收入水平，带领农民走向脱贫致富的道路，促进我国社会进一步发展。在我国市场经济体制逐步健全的背景下，农业经济管理在推动农业发展、建设现代经济体制等方面发挥了十分重要的作用。在新时代背景下充分发挥农业经济管理的作用，是推动农业农村经济现代化发展的重要保障。

本书首先概述了农业的起源与演进、农业在国民经济中的地位与作用，以及农业经济管理的基本内容，然后重点阐述了农业产业结构与布局、市场经济与农产品市场、农业资源管理以及农产品仓储及配送运输，最后对乡村振兴进程中农村经济管理和转型做出重要分析，提出了乡村振兴背景下推动农业经济管理的主要方式，为保障我国农业健康可持续发展提供有力帮助。

本书在编写过程中由于涉及的研究内容广泛，具有较强的综合性和应用性，在撰写过程中参考和借鉴了同行学者的研究成果，在此表示衷心的感谢。由于笔者水平有限，时间仓促，书中缺点错误和不妥之处在所难免，敬请读者批评指正，以便今后进一步修改，使之日臻完善。

目 录

第一章 绪论 ... 1
- 第一节 农业的起源与演进 ... 1
- 第二节 农业在国民经济中的地位与作用 ... 4
- 第三节 农业经济管理概述 ... 10

第二章 农业产业结构与布局 ... 15
- 第一节 农业产业结构 ... 15
- 第二节 农业生产布局 ... 25

第三章 市场经济与农产品市场 ... 30
- 第一节 认识市场经济 ... 30
- 第二节 农产品市场体系 ... 34
- 第三节 农产品价格 ... 42
- 第四节 大力发展农业物流 ... 50

第四章 农业资源管理 ... 57
- 第一节 农业自然资源管理 ... 57
- 第二节 农业劳动力资源管理 ... 74

第五章 农产品仓储及配送运输 ... 92
- 第一节 农产品仓储概述 ... 92
- 第二节 农产品仓储保管的方法 ... 101
- 第三节 农产品配送运输 ... 116

第六章 农业经济核算 ... 124
- 第一节 农业中的成本与效益 ... 124
- 第二节 农业经济核算 ... 128

第七章 乡村振兴进程中农村经济管理和转型 ... 137
- 第一节 乡村振兴战略的内涵诠释 ... 137
- 第二节 乡村振兴与农村经济发展 ... 144
- 第三节 乡村振兴下农村经济经营管理 ... 148

第四节　乡村振兴下农业经济信息化 …………………………………………… 150
　　第五节　乡村振兴战略背景下的农业经济管理优化策略 ……………………… 153
参考文献 ……………………………………………………………………………… 158

第一章 绪论

第一节 农业的起源与演进

一、农业的概念与内涵

农业是利用动植物的生长发育规律,通过人工培育来获得产品的产业。农业是人类社会与大自然关系最为密切的物质生产部门,也是最古老的物质生产部门,是人类的衣食之源、生存之本,是一切生产的首要条件。农业是国民经济的基础,是农村经济的主要组成部分。

农业劳动对象主要是有生命的动植物,农业生产时间与劳动时间不一致,受自然条件影响大,有明显的区域性和季节性。农业生产离不开一定的环境条件并遵循客观规律。土地是农业中不可替代的基本生产资料。

根据古人类学家研究,地球上人类已有大约 300 万年的历史,而农业的产生仅有 1 万年左右。此前的数百万年漫长岁月,人类祖先主要以采集和渔猎为生。在长期的采集和狩猎实践中,人类学会了种植自己所需的植物和驯养所需的动物,通过野生动植物的驯化和大量生产,出现了种植业和畜牧业。种植业主要是利用绿色植物的光合作用生产植物产品,而畜牧业则利用动物的消化合成作用将植物产品进一步转化为动物产品。经过上万年的发展,农业的生产方式、生产水平有了飞跃的变化和巨大的提高,但是,直到今天,种植业和畜牧业仍然是农业的主体,在有的国家农业就是指种植业和畜牧业。在种植业和畜牧业出现后,人类获取食物的方式发生了根本的改变。但是采集和捕捞的活动仍保持下来,在一些地方甚至仍是人们生活的主要来源。人们不仅依然从事这些活动,而且逐渐学会了有意识地控制这些活动的范围、方式和强度,以保持生存环境和持续地利用资源。为了更多地获取所需的产品,人们在捕捞鱼类的同时学会了水产养殖;在获取林木产品的同时开始了植树造林。因此,许多国家农业中不仅包括种植业、畜牧业,还包括水产捕捞和养殖业(渔业),还有的国家将林业也列入农业的范围。

在我国,广义的农业概念,包括种植业、林业、畜牧业和渔业。狭义的农业是指种植业,我们通常讲的农业,一般是指广义的农业,本书也是如此。

二、中国原始农业的形成

考古证实,早在170万年以前,中国的土地上就生活着原始人类。在旧石器时代的初期和中期,原始人的生产工具以打制的石器为主。在这一漫长的时期内,原始人类主要靠采集天然植物的果实、花、叶、根、茎为食。随着生活经验的积累,人们的生产工具越来越精细、锋利,猎取动物产品作为生活资料成为可能,且成为原始生产力发展的标志。大约距今1.5万年,人类发明了弓箭,并使用织网兜捕动物,捕获的动物大量增加,对捕获的活物进行饲养是当时条件下储存动物产品的可行方式。进入新石器时代,原始人类为了弥补渔猎和采集的不足,发明了种植业。而种植业是以定居为前提的,种植业的发展又推动了原始人类由流动渔猎和采集走向定居。定居也需要将猎获的野生动物加以驯服,以便作为生活资料。

我国是世界上农业发生最早的国家之一,有着近万年的发展历史。劳动人民在长期的农业生产斗争中,积累了丰富的经验,创造了灿烂的古代农业经济和科学技术,丰富了世界文化和科学技术的宝库。总结和研究我国农业的历史,了解农业经济产生和发展的过程,可以帮助我们认识农业发展的客观规律,增加对农业经济管理的纵向知识,扩展农业经济管理理论的知识深度。

三、中国农业历史发展阶段

一般认为,世界农业发展到今天,大致经历了原始农业、传统农业和现代农业三个发展阶段。在古代社会,中国先民创造了灿烂的农业文明,为人类做出了巨大贡献。特别是中国传统农业形成比较早,连续历史也很长。结合中国农业历史的特点,从原始农业产生到新中国成立,中国农业历史发展可分为以下五个阶段:

(一)原始农业萌芽期

考古资料显示,我国农业产生于1万年以前的新石器时代,人们是在活动中逐渐学会种植作物和驯养动物的。最早种植的五谷有稻、粟、稷、麦、豆(菽),最早饲养的牲畜有猪、鸡、马、牛、羊、犬等。原始农业的萌芽,是远古文明进步的一次大飞跃。不过,那时候农业生产还只是一种附属性经济活动,人们的生活资料很大程度上还必须依靠原始采猎来获得。原始农业的基本特征是使用由石、骨、木等制作的简陋的生产工具,采用刀耕火种的耕作方法,实行以简单协作为主的集体劳动,原始农业的生产力极低。

(二)传统农业形成期

夏商周时期(公元前21世纪至公元前8世纪)。其主要标志是从石器时代过渡到金属时代,人们学会了冶炼青铜,出现了青铜农具,夏代大禹治水反映了这一时代的农业技术进步。农田水利的兴修增强了利用自然和改造自然的能力,由此也带动了农耕技术的进步,垄作、中耕、治虫、选种等农业技术相继发明。为适应农耕季节需要而创立了天文历——夏历,使农耕活动由物候经验上升到理性规范。商代出现了最早的文字——甲骨文，标志着新的文明时代的到来。这一时期农业已发展成为社会的主要产业，原始的采猎经济退出了主体地位。

（三）传统农业发展期

春秋至两宋时期（公元前7世纪至公元12世纪）。这一时期农业进步的重要标志是铁制农具和畜力耕作技术的配套和完善，奠定了我国传统农业的技术体系和以小农家庭为生产单位的经济形式。这一阶段首先在黄河流域形成了以"耕—耙—耱"为技术特征的防旱保墒旱作技术。一批大型水利工程相继兴建，农业生产各部门都获得了长足进步。公元6世纪出现了《齐民要术》这样的综合性农书，传统农学登上了历史的舞台，成为总结生产经验和传播农业文明的新生力量。从南北朝（公元4世纪）开始，长江以南地区农业逐渐发展起来。至唐代中期（公元8世纪），国家的经济重心移到南方，标志着中国封建农业经济发展的重大变化，以后，南方的水田耕作技术趋于成熟，确立了我国精耕细作的农耕体系。

（四）传统农业深化期

元明清时期（公元13世纪至19世纪）。这一时期人口快速增长，人均农业资源日渐减少。明成祖元年（1403），中国人口达到6660万。清朝是中国人口发展最快的时期之一，乾隆二年（1737），全国人口达到1.4亿；道光十四年（1834），全国人口已突破4亿。为解决这个日益尖锐的社会问题，人们更加注意边疆开发和边地利用，西北、西南、东北、台湾等边疆地区的移民开发和内地的山地、滩涂、沼泽地、盐碱地等荒闲土地的垦殖利用，都有了空前的发展。此外，多熟种植、间作套种，在人口稠密地区受到更多的重视，大大提高了土地利用率。特别是这一时期先后引进玉米、番薯、马铃薯等高产粮食作物和烟草、花生等经济作物，对我国的农业生产和作物结构产生了历史性影响。一方面，这些作物的丰产性和适应性缓解了人口增长的矛盾；另一方面，这些作物在山区种植过度而造成生态破坏，水旱灾害增多。明清时期农业经济上另一个显著特点是，商品性农业有了一定的发展，有些地区已形成相对集中的经济作物产区。封建经济继续发展，并孕育了资本主义的萌芽。

（五）近代传统农业发展期

鸦片战争到新中国成立前（1840—1949）。在古代，我国的经济、科技、文化长期处于世界前列，大约在17世纪逐渐落后于欧洲先进国家，到19世纪中期已拉开较大距离。1840年爆发了鸦片战争，西方列强武力入侵中国。一些有识之士提出了"师夷之长技"的主张，开始向西方学习农工商知识和技术，近代农业科技也开始传入我国。一系列与农业科技教育有关的新生事物出现了，创办农业报刊、翻译外国农书、选派农学留学生、聘请农业专家、建立农业试验场、开办农业学校等，都在古老的国土上成为大开风气的时尚。西方的农机具、化肥农药、作物和畜禽良种也被引进了。虽然从总的方面说，近代农业科技的兴起并没有使我国传统农业得到根本的改造，但是作为一种科学体系的产生，其历史意义是重大的。

新中国诞生以后至今，中国农业进入从传统农业向现代农业转变的过渡时期。

第二节　农业在国民经济中的地位与作用

一、农业的本质与特点

（一）农业生产的本质

农业的本质体现在其生产过程是经济再生产与自然再生产有机结合，不可分割。

1. 农业与其他生产部门共同的特点

与其他生产部门一样，农业生产也是一种经济再生产过程。生产者在特定的社会中结成一定的生产关系，借助一定的生产工具，对劳动对象施加影响，以获取需要的产品。农产品可以供生产者自己使用和消费，也可以通过交换换取生产者需要的其他的消费品和生产资料。经过交换的农产品一部分可能进入消费过程，而另一部分则可能进入下一个农业生产过程，或进入其他生产领域。农业生产者利用自己生产的农产品以及通过交换获得的其他生产资料和生活资料，不仅可以维持自身的生存，还可以不断进入下一个生产过程，保持农业生产周而复始地继续下去。

2. 农业与其他生产部门的区别

农业的生产对象是有生命活力的生物有机体，是利用生物生长发育过程进行的生产。其中种植业和林业，都是通过对绿色植物的栽培，使其从环境中吸收二氧化碳、水和矿物质，并接受太阳光照射进行光合作用转化为有机物质供自身生长、繁殖的过程；畜牧业和渔业则都是通过家畜、家禽和鱼类等动物养殖，以植物或动物产品为饲料，通过动物消化合成转化为自身所需的物质以维持自身生长、繁殖的过程。作为农业生产的动植物自然再生产过程有其自身的客观规律，即严格遵守自然界生命运动的规律。

3. 农业最根本的特征

农业生产是经济再生产与自然再生产有机地交织在一起的过程。动植物的自然再生产过程体现着经济再生产的要求；同时，农业经济再生产必须符合动植物自然再生产的规律。人们在劳动生产过程中，有意识地利用动植物自然再生产的规律和特点，通过科学的培育与人工饲养，防治各种病虫害，为动植物创造更好的生产条件，从而使其更好地生长、发育、繁殖，以达到为人们生产出更多更好的农产品的目的。从经济再生产的角度考察，动植物既能为人们生产各种生活资料，又不断为本身生产新的生产资料。

进行农业生产要想取得好的经济效果，就要按客观规律办事，既要遵循自然规律，又要根据各种经济规律的要求，进行科学的经济管理，保证种植业和养殖业之间及其内部保持经济合理的结构。

（二）农业生产的特点

从经济再生产与自然再生产交织在一起这一基本特征出发，我们可以归纳出农业有别于其他生产部门的几个主要特征，如土地的特殊重要性，生产的周期性、季节性等。

1. 土地对农业生产具有特殊重要性

土地是农业生产中不可替代的最重要、最基本的生产资料。在其他部门的生产过程中，土地仅仅是劳动场所或空间载体。在农业生产中，土地却是提供植物生长发育所必需的水分和养料的主要来源，是动植物生长发育的重要环境条件。因此，土地的数量和质量都是农业生产的重要制约因素。

自然界中的土地数量是有限的，能够作为农业用的土地的数量更是有限的。农业用地包括耕地、林地、牧草地和水产养殖用地。全球农用土地面积约占土地总面积的2/3，而可耕地仅占土地总面积的10%。特别是中国，由于人口众多，人均耕地约0.1h㎡，仅相当于世界人均耕地资源的40%。农业生产不仅受土地面积的制约，也与土地质量密切相关。农用土地的质量一方面取决于其所在的位置，另一方面取决于土壤长期演化过程中形成的理化性状以及人类劳动形成的土地肥力。虽然人们可以通过适当的工程措施和生物技术措施在一定程度上改变土地质量，并在土地位置不可改变情况下局部改变其温、光、水、热、气等条件，但这是极为有限的，而且所有这些措施都是要付出代价的。

正是因为土地在农业生产中的特殊重要性，很多国家都注意保护农用土地，特别是保护耕地。中国更是将"合理利用土地，切实保护耕地"作为一项基本国策。

2. 农业生产要受自然环境和条件的较大影响和制约

现有动植物的生长发育特点主要是自然选择的结果，成功的人工选择也必须适应自然环境。自然环境对农业生产的影响首先表现为在各地区不同的气候、地形、土壤、植被和物种等条件下，形成了各地独特的农业生产类型、动植物品种、养殖和栽培技术，从而也就形成了农业生产的地域性。正确认识这种影响的客观存在，因地制宜地进行农业生产布局，建立合理的农业生产区域结构，就可以充分合理地利用各地区的自然资源，加快农业发展速度，增加农产品的有效供给。

自然环境对农业生产的影响会导致农业生产的波动性，由于气候的变化，尤其是灾害性天气，如旱、涝、风、冰雹、光照、低温等，可能导致农产品产量年度间的剧烈变化。病虫害和动物疫病的爆发往往也与气候环境有关，由此可能导致农业严重减产。这就要求必须建立合理的农产品储备体系，同时应积极采取减灾措施，包括建设水利工程、培育抗逆性强的动植物品种、生产类型多样化、综合防治植物病虫害和动物疫病。认识、掌握各地区自然气候变化规律，适应自然，保护环境，趋利避害，扬长避短，是组织农业生产时的一条重要原则。

3. 农业生产具有周期性和季节性

农业生产周期长，生产时间和劳动时间不一致。农业生产的周期取决于动植物的生长发育周期，通常达数月。动植物的生长发育过程贯穿于整个生产过程，但农民劳动并不需要持续整个生产过程,即农民的劳动时间仅仅占动植物生长周期的一小部分。

农业生产同时具有比较强的季节性。由于动植物生长发育的周期受自然环境条件的影响,各种农业生产的适宜时间通常固定在一定月份,劳动时间也集中在某些日期。

农业生产的周期性和季节性决定了农业劳动力和其他生产资源利用的季节性、资金支出的不均衡性和产品收获的间断性。这就要求安排农业生产一定要不违农时,同时为了充分利用农业剩余劳动时间,增加农民收入,农户实行多种经营和兼业经营是十分必要的,尤其是中国的小规模经营农户更是如此。

解决农业生产的季节性和农产品消费的连续性的矛盾,需要发展农产品的贮藏保鲜和加工业。对于农业生产周期长带来的决策风险,政府应该健全农产品市场体系,建立市场信息发布和预测制度、农业保险制度以及农产品保护价收购制度等。

4. 农业生产中的动植物生产是生态循环系统中紧密联系的重要环节

对于农业生产来说,植物生产属于第一性生产,它吸收土壤中的养分、水分和空气中的二氧化碳,通过光合作用,形成植物能。它的生产实质是最大限度地提高作物对太阳能的利用率。养殖业生产主要是以植物产品为养料,通过动物的生理机能,将植物能转化为各种动物性产品,提高动物对植物能的利用率和能量转化率,是畜牧和水产养殖业生产的实质。同时再将一部分动物不能吸收利用的物质,加工成有机肥,返还给土地。植物生产和动物生产是整个生态循环中的两个重要环节。发展养殖业首先要建立巩固的饲料基地,不断扩大饲料来源,并根据各种动物生产和生活的需要,经济合理地配制饲料,保证动物在维持营养的基础上,能有更多的生产营养,用于产品生产。同时要注意维持和不断改善生态平衡,合理利用和保护各种饲料资源。要坚决防止和克服掠夺式地利用各种自然资源。如果没有第一性植物生产的充分发展为基础,发展第二性的养殖业生产就是一句空话。

5. 农业生产适合于家庭经营

家庭经营农业,灵活性强,节省监督成本,既适合于采用传统技术和经验,实行小规模家庭经营,精耕细作,较少资本投入,从而生产成本很低;也适合于较大规模的家庭经营,即采用先进的科学技术,实行规模经营,取得规模效益。家庭经营,可以集农牧结合之利,充分利用剩余劳动力和各种农副产品资源以及农民积累的各种传统经验,增加家庭收入。当然,从长远来讲,随着工业化、城镇化和农业现代化的推进,应逐渐减少农户的数量,适度扩大家庭经营规模。

正确地认识农业的上述特点,有助于我们按照自然规律和经济规律进行农业的生产经营活动,提高农业经济管理水平。

二、农业在国民经济中的地位和作用

(一)农业是国民经济的基础

农业是国民经济的重要组成部分,是社会经济中的一个最古老的经济部门,在国民经济中处于重要的基础地位。

1. 农业是人类赖以生存和发展的基础

农业是人们的衣食之源，生存之本。直到目前，维持人类生理机能所必需的糖类、蛋白质、脂肪和维生素等基本营养物质只能靠农产品。农业以动植物为劳动对象，利用农作物的光合作用吸收太阳能和自然界中的无机物质来生产谷物、豆类、油料、蔬菜、水果、棉花等植物性产品，再利用动物的消化合成功能将植物性饲料转化为肉、蛋、奶、皮、毛等动物性产品，解决了人们的吃饭、穿衣问题。尽管现代科学技术发展迅速，但是用无机物人工合成食物以满足人类需要，仍是十分遥远的事情。化学工业的发展使得合成纤维，合成革产量、质量都有很大提高，但无论在世界任何地方、任何时候，这些化学合成制品都未能完全取代棉、麻、毛、丝等天然纤维和天然皮革。

2. 农业是其他物质生产部门独立和发展的基础

农业曾是人类社会的唯一生产部门，随着农业生产力的提高，人们生产的农产品在满足农业劳动者自身需要后出现了剩余，手工业逐渐从农业部门中分离出来成为独立的生产部门。随着农业和手工业的进一步发展和分离，商品交换范围和规模不断扩大，从而导致商业也形成独立的经济部门。随着社会分工的不断扩大，新的生产部门不断形成并独立出来。但是人类社会分工的任何发展，都依赖农业生产力的提高和剩余农产品的增加。

农业生产发展不仅为其他产业提供了工业原料，还提供了充足的劳动力。农业生产力的高低，农业所能提供剩余产品的多少，在很大程度上决定了非农产业部门的发展速度。

3. 农业是非物质生产部门存在和发展的基础

国民经济是由生产部门、流通部门和其他非物质生产部门构成的总体。随着人们生活水平的提高，对精神文化的追求也逐渐增长。与非农产业部门一样，这些非物质生产的社会部门的存在也离不开农业的发展。只有农业剩余产品不断增加，才能使越来越多的人不仅脱离农业，而且能够脱离物质生产部门，从而使科学、文化、教育、卫生和其他公共部门得以独立出来并获得进一步的发展。正如马克思所说："社会用来生产小麦和牲畜等所需要的时间愈少，用来进行其他生产——物质和精神的生产时间就愈多。"（《马克思、恩格斯、列宁、斯大林论共产主义社会》第67页）

（二）农业在国民经济中的作用

一般来讲，农业的发展水平不仅是农业部门发展水平的重要标志，也是整个国民经济发展水平的重要标志，因为它在国民经济发展的过程中发挥着重要的作用。

1. 农业的经济作用

随着工业化的发展，农业在国民经济中的份额已经大大下降。但是，农业在整个国民经济发展中仍然具有十分重要的作用。农业对发展中国家经济发展的贡献可归结为产品、市场、要素和外贸四个方面。产品贡献是指农业部门所生产的食物和工业原料，市场贡献是指农业部门对工业品的市场需求，要素贡献是指农业生产要素向其他部门的转移，外贸贡献则是指某种农产品的进出口在调整进出口结构、调剂余缺方面的作用。

农产品是我国历史上重要的出口物资,某些农产品在国际市场上具有一定的竞争力。根据国际市场的需要,增加优势农产品出口在国际市场的份额,对于调整国内产业结构、优化资源配置、调节国内市场供求、把握市场主动权等有着重要的战略意义。

发展农业可以吸纳大量劳动力。我国是世界人口第一大国,劳动力就业压力非常大,发展农业是一条缓解就业压力的有效途径。它可以充分利用丰富的劳动力资源,并与当地各种有利的其他资源相结合,发展农村社区经济。

2. 农业的生态环境作用

通过合理利用土地、植树造林、防风治沙等,农业不仅给我们提供了更多的农产品,其本身也是在改造自然生态环境。在治理污染方面,农业也具有相当重要的作用。粪便、生活垃圾可以作为农业的有机肥料,在生产农产品的同时减少对环境的污染,农作物和林木的光合作用,可以为减少温室效应发挥作用,绿色植被可以降低城市噪声、减少粉尘、净化空气,农业土壤和水中的微生物可以分解环境中的有害物质,起到净化作用。

3. 农业的文化作用

随着现代工业社会都市生活弊病的日益凸显,农业和农村社会文化方面的价值越来越得到人们的肯定和重视。植树造林、改造沙漠、建立自然保护区等,都不是单纯的生产和经济活动,对人类精神文化领域发展的作用也是不可低估的。即使是普通的农田作业,由于农业与自然界的密切关系,也具有这方面的文化作用。由于农村社区成员的相对稳定,民风淳朴,注重伦理亲情,遵循传统习俗和价值观念,世代相袭,因此,在现代市场经济背景下,农业和农村社区还具有保存和传承传统文化的功能。一些特色鲜明的乡村旅游、生态观光旅游日渐红火,已经彰显出农业的文化功能。

三、农业与国民经济其他部门的关系

(一)国民经济的部门划分

现代国民经济是由若干相互独立又相互联系的部门组成的一个复杂的体系。按照不同目的,对国民经济的部门有很多划分方法,其中最基本的方法是根据社会生产活动历史发展顺序以及社会生产活动与自然界之间的关系将国民经济部门结构划分为三次产业。国际上比较通用的产业结构划分方法是,将产品直接取自自然界的部门称为第一产业,对初级产品进行再加工的部门称为第二产业,为生产和消费提供各种服务的部门称为第三产业。各个国家在划分产业部门时采用的具体标准也有一些差异。中国对三次产业的划分标准为:

第一产业:农业。包括种植业、林业、畜牧业、渔业。

第二产业:工业、建筑业。其中工业包括采掘工业(采矿、晒盐、森林采伐等)、制造业(对农产品和采掘品的加工、再加工),以及电力、自来水、煤气的生产和供应行业,对工业品的修理、翻新行业。建筑业包括房屋、构筑物建造和设备安装等。

第三产业：除第一、第二产业以外的其他各行业，总体分为流通部门和服务部门。其中流通部门包括交通运输业、邮电通信业、商业、饮食业、物资供销和仓储业；服务部门包括为生产和生活服务的部门，为提高科学文化水平和居民素质服务的部门，为社会公共需要服务的部门等。

（二）农业与第二产业的关系

1. 农业是第二产业的基础，为第二产业的发展提供原材料和基本的发展保障

食品加工、烟草、纺织、皮革、造纸、医药等行业相当多产品都要以农产品作为生产原料。

2. 第二产业是农业发展的重要动力，现代农业生产资料离不开机械设备和能源

农业部门为了生产和经营管理的需要，要从石油加工、化学原料及制品、金属冶炼、机械制造、电子、仪表等制造行业购买农业生产资料，从造纸、印刷、文体用品等行业购买用于日常管理的消耗品；电力、煤气和水生产供应等行业都可能直接或间接地为农业部门提供生产资料，现代化的种植、养殖业工厂化生产更是离不开建筑业。

3. 农业与第二产业相互依赖

现代市场经济条件下，大量的农产品需要加工转化，如果没有充足的农产品原料供应，相关工业部门就无法正常生产；同时，如果没有农产品加工业的充分发展，农产品就会销路不畅、产能过剩，价值难以实现，最终会影响农业快速发展。

（三）农业与第三产业的关系

1. 农业为第三产业的发展提供基础保障

比如餐饮服务业的有形产品要以农产品为主要原料。

2. 农业发展离不开第三产业

无论是购买农业生产资料，还是销售农产品，都需要交通运输业、邮电通信、商业和仓储业的服务；金融、保险、地质勘查、水利、气象等部门都可以直接为农业部门提供服务，文化、科技、教育部门有助于提高农业劳动者的素质和技能；社会公共服务部门维护社会经济、政治的安定和生产生活的正常秩序，因而这些部门也都在直接或间接地为农业生产提供服务。

3. 农业与第三产业相互依赖

除了为餐饮业提供食品原料以外，农业还为新兴的生态旅游、乡村旅游、休闲观光等旅游业提供载体和服务；同时，服务业也为现代农业发展越来越好发挥着重要支撑作用。

综上所述，农业在国民经济中具有重要的地位并发挥着其他经济部门所不能取代的作用，这是我们学习和研究这门课程首先要明确的。

第三节　农业经济管理概述

概括地说，农业经济管理是指对农业生产部门物质资料的生产、交换、消费等经济活动，通过预测、决策、计划、组织、指挥、控制等管理职能，以实现管理者预定目标的一系列工作。农业经济管理属于管理学科。

农业经济管理主要工作包括：充分利用各种农业自然资源和社会经济资源、合理组织农业生产与正确处理生产关系和上层建筑两个方面。在组织农业生产力方面，如正确确定农业各部门的生产结构，处理农、林、牧、副、渔五业的相互关系，正确利用农业各种资源、生产资金和生产资料等。在处理生产关系和上层建筑方面，正确处理国家、地方和企业之间，地方与地方之间，企业与企业之间以及企业与个人之间、个人与个人之间在生产、交换、分配和消费等方面的相互关系。

一、农业经济管理的性质与内容

农业经济管理是一种管理活动过程。农业经济管理的过程就是对农业经济活动中的各个要素进行合理配置与协调，在这个过程中，包括了人与人、人与物、物与物的关系协调处理。因此，农业经济的管理，必然表现出生产力合理组织方面的活动和工作，也必然表现出正确地维护和调整生产关系方面的活动和工作。

（一）农业经济管理的两重性

1. 自然属性

农业经济管理有与生产力相联系的一面，即生产力的水平来决定的特性，我们把它叫作农业经济管理的自然属性。在管理活动中，对生产力的合理组织，表现为管理活动的自然属性。对生产力合理组织就是把人、土地等自然资源以及生产资料等生产要素，作为一种具有自然属性的使用价值来对待。具体表现为土地等自然资源的合理开发和利用、劳动力的合理组织、农业生产资料的合理配备和使用等，以最大限度地发挥生产要素和自然资源的最大效益。

2. 社会属性

农业经济管理也有与生产关系相联系的一面，即生产关系的性质来决定的特性，我们把它叫作农业经济管理的社会属性。这里主要讲的是农业管理在经济方面，要由一定的生产关系的性质来决定。比如，在人民公社制度下，实行土地公有、集体劳动、按劳分配，农民及家庭只是一个生产成员。目前的联产承包责任制度保留了土地的集体所有制，建立了集体和农民家庭双层经营体制，把土地所有权与经营权分开，农民家庭既是一个自主生产单位，又是一个自负盈亏的经营单位。农业经济管理在生产关系方面发生了巨大的变化。

（二）农业经济管理的两重性源于农业生产过程的两重性

农业再生产过程，一方面，是"人与自然"的结合过程，也就是物质的再生产过程，主要是生产要素的合理配置和组合等，要求在组织管理等方面与之相适应；另一方面，农业再生产过程也是人与人的结合过程，也就是生产关系的再生产过程。比如，生产资料（土地、农机具等）归谁所有，产品如何分配，人与人之间是一种什么关系等。农业经济管理是因农业经济活动的要求而产生的，是为农业经济活动服务的，所以农业经济活动的这些要求，必然要反映到农业经济管理上来，这就产生了农业经济管理的两重性。生产力决定生产关系，生产关系必须适应生产力的要求，生产力和生产关系构成了一定社会的生产方式。管理是上层建筑，上层建筑必须要为经济基础服务，从这个理论上来说，农业经济管理必然具有两重性。

不同国家生产力组织的区别主要由各国的自然、技术条件和经济发展水平决定；生产关系调整的区别主要由各个国家的社会意识形态、所有制性质的区别所决定。

（三）农业经济管理的内容

农业经济管理的内容是由其涉及的范围和属性决定的。就其涉及的范围而言，农业经济管理的内容包括农业宏观管理和微观管理两部分；就其属性而言，农业经济管理的内容涵盖农业生产力和农业生产关系两个方面。

我国的农业经济管理是社会主义经济管理的组成部分，它包括整个农业部门经济管理和农业经营主体的经营管理。

农业部门的经济管理包括农业经济管理的机构和管理体制、农业经济结构管理、农业自然资源管理、农业生产布局管理、农业计划管理、农业劳动力资源管理、农业机械化管理、农业技术管理、农用物资管理、农产品流通管理和农业资金管理等宏观经济管理。

农业经营主体的经营管理包括集体所有制农业企业和全民所有制农业企业等各类农业经营主体的经营管理，内容有决策管理、计划管理、劳动管理、机务管理、物资管理、财务管理和收益分配等微观经济管理。宏观的农业经济管理与微观的农业经济管理是整体和局部的关系，两者相互依存、相互促进、相互制约，两者都涉及完善的生产关系、调整上层建筑、合理组织和有效利用生产力的问题。

三、农业经济管理的职能与目标

（一）农业经济管理的职能

农业经济管理具有两重性：一是由生产力、社会化生产所决定的自然属性（或称共同性）；二是由生产关系、社会制度所决定的社会属性（或称特殊性）。农业经济管理的两重性决定了它有两个基本职能，即合理组织生产力和正确维护、调节生产关系。这两个基本职能是适应农业经济发展的要求而产生的。这两个基本职能相匹配的具体职能就是计划、组织、指挥、协调、控制等。

（二）农业经济管理的目标

农业经济管理的目标是指国家在农业经济管理方面所要达到的农业经济运行状态的预定目标。农业经济管理的目标决定着管理的重点、内容和着力方向；同时，它也是评价农业经济管理工作的重要依据。现实中，农业经济管理目标包括以下几点：

1. 实现农业增效、农民增收

实现农业增效、农民增收是市场经济条件下政府管理农业经济的首要目标，也是提升农业竞争力、调动农民积极性的核心问题。党的十五届三中全会明确提出，必须把调动广大农民的生产积极性作为制定农村政策的首要出发点，并指出："这是政治上正确对待农民和巩固工农联盟的重大问题，是农村经济社会发展的根本保证。"尤其是在近年来农民收入增长缓慢、城乡居民收入差距不断扩大的新形势下，更要把农业增效、农民增收作为农业经济管理的首要目标，这是保证农业和农村经济长足发展的动力源泉。

2. 保障粮食安全和其他农产品的有效供给

尽管农业的功能在不断拓展，但为生产生活提供质优价廉、数量充足的农产品仍旧是农业的基本功能。农业经济管理的目标之一就是根据不同历史时期农产品供求关系的变化，制定合理的农业经济政策，并利用财政、信贷、价格、利息杠杆对农产品的生产与供应进行宏观调控，引导农产品的生产与供应。在保证粮食生产安全的前提下，根据人们的消费向营养、安全、健康、多样化方向发展的趋势，大力推进农业绿色食品产业的发展，增加绿色食品的市场供给。

3. 优化农业结构，提升产业层次

农业产业结构的合理与否，对于农业经济的良性循环和长足发展，对于农业整体效能的提升，意义重大。因此，调整优化农业产业结构，提升农业产业层次始终是农业经济管理的重要目标之一。尤其是在我国当前农产品供给总量平衡、结构性矛盾突出的情况下，进行农业结构的战略性调整，推动农业产业结构的不断优化和升级，是我国农业步入新阶段的必然趋势，也是当前农业经济管理工作的中心任务。

4. 转变农业增长方式，提高农业生产效率

促进农业经济增长方式由粗放经营向集约经营转变，由资源依赖型向技术驱动型转变，是改造传统农业、建设现代农业的必然要求，也是大幅度提高农业劳动生产率、土地生产率的根本途径。

5. 实现农民充分就业

有国外学者预言，在21世纪，中国要解决占世界人口1/6之众的农民的就业问题，其难度要大大超过20世纪解决他们吃饭问题的难度。农民就业不充分是农民收入增长缓慢、农村市场购买力不足、农业规模效益低的深层次根源。因此，研究探索实现农民充分就业的途径，理应成为农业经济管理的具体目标。

四、农业经济管理方法

农业经济管理的实施需要借助一系列的方法来实现既定的目标和任务。农业经济管理是由多种方法组成的系统,其中包括法律的、行政的、经济技术的、思想政治的和教育的等方法。各种管理方法只有相互配合、灵活利用,才能达到预期的效果。

(一)管理方法

管理方法是指为保证管理活动顺利进行,达到管理目标,在管理过程中管理主体对客体实施管理的各种方式、手段、办法、措施、途径的综合。

根据方法的性质与适用范围,可将管理方法分为管理的哲学方法、管理的一般方法和管理的具体方法。按照管理对象的范围可划分为宏观管理方法、中观管理方法和微观管理方法,按照所运用方法的量化程度可划分为定性方法和定量方法等。

(二)法律方法

法律方法是指国家根据广大人民群众的根本利益,通过各种法律、法令、条例和司法、仲裁工作,调整社会经济的总体活动和各企业、单位在微观活动中所发生的各种关系,以保证和促进社会经济发展的管理方法。

法律方法运用的形式多种多样,但就其主要形式来说,包括以下几种:立法、司法、仲裁和法律教育。

(三)行政方法

行政方法是指管理主体依靠组织的权力和权威,按照自上而下的行政隶属关系,通过下达指令、发布命令、做出规定等强制性行政手段,直接对被管理者进行指挥和控制。它的实质是通过行政组织中的职务和职位来进行管理。它特别强调职责、职权、职位,而并非个人的能力。行政方法的主要形式包括命令、指令、指示、决议、决定、通知和通告等,都是自上而下发挥作用。

(四)经济方法

经济方法是指管理主体按照经济规律的客观要求,运用各种经济手段,通过调节各种经济利益关系,以引导组织和个人的行为,保证管理目标顺利实现的管理方法。

经济方法是政府调节宏观经济的有力工具,同时也是调动组织和个人的积极性的重要手段。

(五)思想政治教育方法

思想政治教育方法是管理活动中最为灵活的管理方法,它需要针对不同的对象、根据不同的情况采取不同的形式。它以人为中心,通过教育,不断提高人的政治思想素质、文化知识素质、专业水平素质。

（六）技术方法

技术方法是指组织中各个层次的管理者（包括高层管理者、中层管理者和基层管理者）根据管理活动的需要，自觉运用自己或他人所掌握的各类技术，以提高管理的效率和效果的管理方法。这里所说的各类技术，主要包括信息技术、网络技术、预测技术、决策技术、计划技术、组织技术和控制技术等。

农业生产是人类利用生物的生理机能，在自然力的作用下，通过人类劳动去强化和控制生物的生命过程，进而把外界环境中物质和能量转换为生物产品，以满足社会需要的物质生产部门。农业生产最根本的特点是经济再生过程与自然再生产过程相互交织，由此派生出许多区别于国民经济其他部门的显著特点。

农业作为人类社会发展史上最早出现的一个部门，不仅是人类赖以生存和发展的基础，也是社会分工和国民经济其他部门赖以独立和发展的基础。农业对国民经济发展的作用主要体现在产品贡献、要素贡献、市场贡献、外汇贡献等方面。

农业经济管理是国家为了实现一定目标，对农业经济活动进行计划、组织、领导、调控、监督等而采取的一系列方式、方法和手段的总称，是管理在农业经济领域中的具体应用。农业经济管理就其范围而言，包括农业宏观经济管理和微观经济管理两部分；就其属性而言，包括农业生产力和农业生产关系两个大的方面。管理的终极目标是实现农业现代化，具体目标是实现农业增效、农民增收；保障粮食安全和其他农产品的有效供给；优化农业结构，提升产业层次；转变农业增长方式，提高农业生产效率；实现农民充分就业，有效转移农村富余劳动力。

第二章 农业产业结构与布局

第一节 农业产业结构

一、农业结构概述

（一）农业产业结构的概念

农业产业结构，是指在一定区域（地区或农业企业）范围内，农业各生产部门及其各生产项目在整个农业生产中相对于一定时期、一定的自然条件和社会经济条件所构成的特有的、比较稳定的结合方式。简单地说，农业产业结构就是指农业各产业部门和各部门内部的组成及其比例关系。它不仅要从投入和产出的角度反映农业系统中各组成部分之间在数量上的比例关系，还要从相互联系的角度反映各组成部分在整个系统中的主从地位、结合形式和相互作用。

（二）农业产业结构的特点

1. 农业产业结构具有多层次性

农业产业结构可划分为若干层次。首先，它表现为农业内部农、林、牧、渔业的结构。这一层次的结构是农业的一级结构。其次，在农业各业内部又包括产品性质和生产特点不同的生产项目，如种植业内部包括粮食作物、饲料作物、经济作物、其他作物等，这些生产项目的组合比例构成了农业的二级结构。最后，经济作物又可以分为纤维作物、油料作物、糖料作物等，这些作物的组合比例构成了农业的三级结构。以此类推，农业产业结构还可以细分出更多的层次。

2. 农业产业结构具有整体性

结构是构成事物整体的各要素相互联系、相互作用的方式或秩序，尽管农业生产可以分解为许多层次和侧面，但作为结构它是一个有机整体。这就要求我们在安排农业产业结构时，要从系统的观念出发，使农业内部各部门、各项目之间的关系相互协调，从而发挥最大的整体功能。

3. 农业产业结构具有动态性

农业产业结构虽然表现为一定空间范围内农业生产部门或生产项目之间的组合关系，

但农业产业结构的形成受多种因素的制约,这些因素会随着时间的推移而变化。因此,农业产业结构也会随着时间的推移而发生变化。但此外,农业产业结构也具有相对稳定性,因为制约农业产业结构的各种因素也是相对稳定的。这个特点要求我们在调整农业产业结构时要充分注意农业产业结构的稳定性与动态性的关系。

4.农业产业结构类型具有多样性

农业产业结构根据其所包括的生产部门、生产项目的比例关系的不同,可分为农牧结合型、农林结合型、农林牧结合型等类型。根据其生产部门、生产项目之间的结合形式的不同,又可分为直接结合型和间接结合型。前者指各生产部门、各生产项目之间,一方面存在着土地、劳力、资金等生产要素的相互调剂与支援关系,另一方面存在着相互供应物质和能量的直接结合关系(如种植业为畜牧业提供饲料、畜牧业为种植业提供肥料);后者指生产部门、生产项目之间只存在着土地、劳动力、资金等生产要素的相互支援和调剂关系。不同的结构类型形成的条件不同,产生的效益也不同。

二、农业产业结构的影响因素

农业产业结构的形成既受自然规律的制约,也受经济规律的制约。在一定的时空范围内,农业产业结构的影响因素主要有以下几个方面:

(一)自然资源条件

农业以自然再生产为基础,所以农业生产与自然条件的关系极其密切。首先,农业生产的对象是有生命的动植物,而各种动植物都有各自的生长发育规律,都需要与之相适应的自然资源条件,如土壤、水源、气候等等;其次,不同地区的自然资源差异很大,由于自然资源具有区域性的特点,与之相适应,不同地区的农业产业结构会表现出不同的特点。

(二)社会需求

农产品是用以满足人们生活需求而生产的,这一特性决定了人口的数量、年龄构成、消费习惯等因素对农业产业结构产生着深刻的影响。农业生产必须以市场需求为导向。按市场需求来安排生产,这样才能使农产品顺利地通过流通进入消费领域,从而实现农产品的价值。人们对农产品需求的多样性决定了农业生产内容和产品的多样性,从而形成了一定的农业产业结构。

(三)生产力发展水平

生产力是人们利用自然和控制自然的能力,生产力水平越高,人们对自然资源的利用能力就越强;生产发展水平还影响着社会消费及需求。在影响农业产业结构的众多因素中,决定因素是生产力发展水平,在生产力水平低下的阶段,农业生产只能是被动地适应自然;生产力水平较高的阶段,农业生产则可以积极地利用和改造自然。另外,在生产力水平较低的阶段,有限的资源往往首先用于满足人们生存的需要,在农业产业结构上往往表现出以粮食生产为主的局面；而随着生产力水平的提高，农业生产就能满足人们多样化的需求，农业产业结构也会发生相应的变化。

（四）体制与政策的影响

经济体制不同，对资源的配置方式就不同，农业产业结构也会受到影响。在计划经济体制下，农业生产单位没有生产经营自主权，在农业产业结构上往往表现为既不能适应社会需求，又不能充分发挥本地区、本单位的资源优势。在市场经济体制下，农业生产以市场为导向，农业产业结构往往能发挥本地区本单位的资源优势，并适应市场需求的变化。另外，宏观政策也对农业产业结构有着巨大的影响。在同样的经济体制下，政府的政策导向不同，农业产业结构也会表现出不同的特点。

三、农业产业结构变化趋势

决定农业产业结构的各种影响因素会随着时间的推移而发生变化，因而农业产业结构也会相应地发生变化。一般来说，农业产业结构具有如下变化趋势：

（一）粮食生产的基础性地位得到保护

在所有的农业生产中，粮食生产始终处于优先发展的地位。首先，粮食是人们最基本的生活资料，农业产业结构的安排总是在满足了粮食的需求之后，如果还有多余的耕地、劳动力等生产资料，才可以用来发展粮食以外的其他农产品生产；其次，畜牧业及渔业生产的发展必须建立在粮食及饲料生产的基础之上；最后，粮食是战略物资，粮食生产的安全关系着整个国家和社会的稳定。因此，面对粮食生产在农业中的比较效益不断下降、在种植业中的比重不断下降的情况，很多国家都对粮食生产采取了保护性政策措施，如价格保护、农业投入要素补贴、进口限制等。

（二）畜牧业所占比重逐步增大

从发达国家农业生产发展历程来看，畜牧业在农业中所占的比重越来越大，其发展速度也大大超过了种植业。同时，在畜牧业中，提供低脂肪、高蛋白畜产品的畜牧生产比重日益增加。这一趋势说明，随着社会整体收入水平的提高，人民的消费水平也逐步提高，对食品的需求结构也发生了变化，已经从单一的依靠粮食转变为粮食加菜肉蛋奶等比较合理的饮食结构。

（三）种植业中饲料生产所占比重逐步增大

随着人们的食品需求从低级向高级转换，畜牧业得以较快的发展，进而引起对饲料需求的增长，种植业生产的粮食越来越多地被用作饲料，饲料作物的栽培随之迅速增加。种植业由原来的"粮食作物＋经济作物"二元结构逐步转变为"粮食作物＋经济作物＋饲料作物"的三元结构。

（四）种植业中经济作物所占比重逐步增大

随着社会经济的发展，工业对棉花、天然橡胶、糖料、中药材等原料性经济作物的需求逐步增加，城乡居民对蔬菜、水果、花卉等消费性经济作物的需求也在增加。而种植经济作物的经济效益一般好于粮食作物，这使得经济作物在种植业中所占的比重逐步增大。

（五）林业受国家的特别支持与保护

在整个生态系统中，森林是地球表面陆地生态系统的主体。森林生态系统具有涵养水源、调节气候、防风固沙、保持水土、固碳放氧、净化大气等多种生态功能。森林除了具有经济功能，还是人们休闲和旅游的重要去处，因而衍生出许多社会文化功能。森林的生态功能和社会文化功能是林业生产的溢出效益，很多国家对林业生产进行支持和保护，以稳定和提高森林覆盖率，使森林所有者和经营者的行为符合社会和生态发展的需要。

四、农业产业结构评价

（一）农业产业结构评价标准

农业产业结构合理化是指通过对农业产业结构的调整，使一个国家或地区的农业资源得到最合理的配置，从而使农业生产取得最好的效益。

农业产业结构是否合理是一个相对的和发展的概念，呈现出地域上的差异性和时间上的动态性。所谓相对，是从空间上来说的，即相对于一个国家或地区的自然、经济、社会条件而言，农业产业结构是否合理；所谓发展，是从时间上来讲的，相对于一定历史时期的生产力水平而言，农业产业结构是否合理。在一定的时空条件下判断农业产业结构是否合理，可以从以下几个方面进行分析：

1. 农业生产资源的利用情况

农业生产结构是否合理首先要看其对农业生产资源的利用是否合理。农业生产资源范围很广，主要包括自然资源和社会经济资源两大类。具体包括劳动力资源、资金、技术资源、土地资源、水资源、光热资源、气候资源等等。农业生产资源能否得到合理利用决定了农业生产的综合效益，也决定了农业是否可持续发展。一个国家或地区的农业自然资源是多种多样的，但又都是有限的。同时，这些不同的自然资源所适应的农业生产部门和项目是不同的。因此，农业产业结构必须同本国或本地区的资源禀赋相适应，这样才能使自然资源得到充分利用，并发挥区域资源优势。充分利用现有的农业生产资源是提高农业生产效益的关键途径，以土地资源为例，不同农作物对土地的使用时间有差异，使用空间也不尽相同，所以，为了充分利用土地资源，必须合理安排农业生产项目，做到农业项目错时实施，空间上高低搭配。相对于其他物质生产部门，农业生产对自然资源的依赖性更大，农业社会经济资源能否充分有效利用则与农业产业结构密切相关。

2. 各部门应协调发展

合理的农业产业结构应该是各部门密切配合、相互促进、相互补充、协调发展。例如，林业的发展不仅能提供木材和其他林产品，还可以保护和改善农牧渔业的生态环境；种植业提供的各种饲料是发展畜牧业的物质基础；畜牧业的发展又为种植业提供有机肥料和畜力，并能充分利用种植业的各种副产品，等等。农业产业结构必须能适应和促进这种关系，从而提高农业生产的社会效益和经济效益。

3. 能够满足市场对农产品的需要

农产品对市场的满足程度是检验农业产业结构是否合理的重要标准。其合理性可以通过一些指标加以评价，这些指标主要包括农产品人均占有量、农产品商品率、农产品人均消费水平等。随着人民生活水平的提高，对农产品的需求结构也会发生变化，这就需要对农业产业结构进行调整。农业产业结构的调整优化除了要结合本地区的市场需求结构进行安排之外，对于外向型的农业结构，还要考虑其他区域乃至国外市场需求状况进行综合安排。

4. 经济效益比较高

合理的农业产业结构应表现出较高的经济效益，即以最少的投入获得最多的产出，因此，合理的农业产业结构必须是一个高产、优质、低耗的农业生产系统，必须满足社会对农产品的需要，能充分利用社会经济资源，增加农业经营者收入。

5. 保护及改善生态环境

合理的农业产业结构应能保持生态平衡，使生态系统良性循环，改善生态环境，提高人们的生活质量。减少使用农药等具有毒性的农用物资，杜绝使用国家明令禁止的农用物质，建立生态平衡，减少人们对生态环境的破坏。

以上标准是相互联系、相互制约的，它们是一个整体。我们在评价农业产业结构时应结合上述几个方面综合考察。

（二）农业产业结构的评价指标

农业产业结构是否合理可以借助一系列指标来评价，通常使用的指标主要有：

1. 价值量结构

价值量结构也称为产值结构，它是以货币形式表现的农业生产成果中各产业（部门）或各类产品所占的比重，可用来衡量和评价横向结构中第一、第二层次的结构和纵向的农业产业结构。

2. 土地利用结构

土地利用结构，是指耕地、林地、牧场草地、养殖水面等各类农业用地占农业用地总面积的比重。在分析种植业内部结构时，往往用各类作物的播种面积占总播种面积的比重来反映。

3. 农业劳动力利用结构

农业劳动力利用结构，是指各业或各项目所占用的劳动力数量（或劳动时间）占农业劳动力总数（或总劳动时间）的比重。

4. 农业资金利用结构

农业资金利用结构，是指各业或各项目所占用的资金在农业资金占用总量中的比重。

上述第一项指标是从产出角度来分析农业产业结构的，后三项指标则是从资源配置或生产要素占用状况方面来分析农业产业结构的。当然，这些都是基本指标，实际运用中可根据具体情况选择其他指标。

五、农业产业结构调整优化

（一）调整优化农业产业结构的必要性

农业产业结构调整，就是对农业发展的各种资源进行权衡、改造和利用的过程，其目的就是对资源和生产要素进行优化配置，提高农业生产率，满足人们对食物的需求，实现农业增效、农民增收和农业可持续发展的过程。

我国的农业产业结构比改革开放初期已经有了较大的改善，但目前仍要继续优化。总体上说，其必要性具体表现在以下几个方面：

1. 调整优化农业产业结构是现阶段农业生产发展的客观要求

随着农业生产力水平的提高，农产品供应量逐年增加，农产品供求关系已经从卖方市场转变为买方市场，而农村地区农产品同质化现象严重，农户互相争夺市场，造成价格下降，农民收益降低；同时，随着城乡居民生活由温饱向小康迈进，农产品消费结构发生了很大变化，农产品需求日益多样化。面对这种市场需求的变化，迫切要求农业生产从满足人民的基本生活需求向适应优质化、多样化的消费需求转变，从追求数量为主向数量、质量并重转变。

2. 提高农产品市场竞争力的根本途径

随着经济全球化进程的加快，农业和农村经济面临着更为激烈的市场竞争。但由于我国农业技术水平低、农民整体素质不高，在国际市场竞争中处于不利地位，特别是单门独户的小农生产极不利于市场竞争，低层次的产业化经营也会使地方农业在市场竞争中处于劣势。只有通过农村产业结构的战略性调整，进一步优化资源配置，充分发挥比较优势，才能把资源优势变为产品优势，增强我国农业在国际市场上的竞争力。

3. 调整优化农业产业结构是增加农业经营者收入的有效途径

目前，由于供求关系的变化，依靠增加农产品数量或提高农产品价格来增加农业收入的潜力已经不大。而调整优化农业产业结构，提高农产品质量和档次，发展名特优新产品，一方面可适应市场优质化、多样化的需求，另一方面可以提高农业的经济效益，增加农业经营者收入。

4. 调整优化农业产业结构是合理开发利用农业资源的重要手段

人多地少是我国的基本国情。我国农业资源一方面相对短缺，开发利用过度；另一方面配置不合理，利用率不高，浪费严重。通过调整优化农业产业结构，充分发挥区域比较优势，挖掘资源利用的潜力，实现资源的合理配置，提高资源开发利用的广度和深度，就可以做到资源的有效利用与合理保护相结合，促进农业生产的可持续发展。

（二）调整优化农业产业结构的原则

调整优化农业产业结构是一项复杂的系统工程，必须统筹规划，科学安排。由于各地的条件不同，农业产业结构不可能有一个统一的模式。一般来说，农业产业结构的优化必须遵循以下原则：

1. 以市场为导向

要根据市场需求及变化趋势调整优化农业产业结构，满足社会对农产品多样化和优质化的需求。调整优化农业产业结构不能局限于本地市场，而要面向全国、面向世界，适应国内外市场需求。不仅要瞄准农产品的现实需要，还要研究未来的市场需求发展趋势，以便在未来的市场变化中抢占先机。政府有关部门要加强对市场变化趋势的研究，逐步完善农产品市场体系和农产品流通体制，建立反应灵敏的信息网络，向农业经营者提供及时准确的市场信息，为调整优化农业产业结构创造良好的市场环境。

2. 发挥区域比较优势

随着我国社会主义市场经济体制的建立和经济全球化的发展，进一步扩大农业区域分工，实行优势互补，是降低农产品生产成本、提高市场竞争力的必然要求。调整优化农业产业结构，要在发挥区域比较优势的基础上，逐步发展不同类型的农产品专业生产区。每个地区要以资源为基础，因地制宜，发挥本地资源、经济、市场、技术等方面的优势，发展具有本地特色的优势农产品，逐步形成具有区域特色的农业主导产品和支柱产业，全面提高农业经济效益。

3. 依靠科技进步

调整优化农业产业结构要充分依靠科技进步。要抓住改造传统产品和开发新产品两个重点，通过高新技术的应用、劳动者素质的提高，推进农业产业结构调整优化。当前，世界农业正在孕育着以生物技术、信息技术为主要标志的新的农业科技革命，我们要抓住机遇，加快农业科技创新体系建设，促进农业产业结构调整优化和升级。

4. 稳定提高农业综合生产力

要严格保护耕地、林地、草地和水资源，防治水土流失，在不适宜耕作的地区实行退耕还林、还草、还湖，保护农业生态环境，实现可持续发展。继续大力开展农田水利等农业基础设施建设，加大农业科技研发和推广力度，通过提高农业综合生产能力来加快优势农产品生产的发展。

5.用经济手段调控和引导

要正确处理政府引导和发挥市场机制作用之间的关系。政府要根据市场供求变化,调整产业政策,运用价格、税收、信贷等经济杠杆适时进行宏观调控,实现总量平衡。同时,要做好市场预测、技术辅导等服务,引导和支持农业产业结构调整。总之,政府在结构调整中主要起引导作用,切忌采用行政命令强迫农业经营者安排农业项目。

(三)农业产业结构调整的战略方向

我国农产品的供求关系已从过去的总量短缺变为供求总体平衡,而结构性供求矛盾开始突出,一些品种供过于求与另一些品种供不应求同时存在,农业发展的制约因素已经由过去单一的资源约束变成资源和市场的双重约束。在这种背景下,农业产业结构的调整不仅要考虑各种农产品的数量平衡,而且要注意农产品的质量提升,更要努力实现农业的可持续发展。

1.优化农业各产业之间的关系

优化农业生产中种植业、林业、牧业和渔业之间关系的基本思路是:提高种植业和林牧渔业之间的多层次综合利用水平,提高农业资源的利用效率;继续发展种植业,使其与国民经济发展要求相适应;加快畜牧业发展,为社会提供丰富的肉、奶等畜产品;充分利用我国丰富的山地和水域资源发展林业和渔业。

2.种植业结构的调整

种植业结构调整的战略方向是:在稳定粮食生产的前提下,大力发展经济作物生产。粮食是国民经济基础的基础,关系社会稳定,特别对拥有14亿人口的中国来说尤为重要。因此,在调整农业产业结构的过程中,必须高度重视粮食生产,保持粮食生产基本稳定,坚决防止忽视粮食生产的倾向;同时,要在确保粮食安全的前提下,扩大经济作物的生产。在粮食生产中,按照人口和畜牧业发展的需要,使口粮和饲料粮相分离;要提高口粮的品质和专用化程度;经济作物进一步向专业化、品牌化、产业化的方向发展。

3.林业产业结构的调整

林业是培育、保护和利用森林的生产部门。林业生产不仅生产周期长,而且具有很强的外部效益,因此必须重视发展林业生产,优化林业结构。林业结构调整的战略方向是:继续大力发展植树造林运动,提高森林覆盖率;优化营林结构,重视经济林、薪炭林、防护林的营造与发展;建立合理的采、育结构,切实保护好林业资源;在继续重视林木产品生产和发展速生丰产林的同时,加强对各种林副产品的综合利用,提高林业资源的多层次利用水平,提高林业生产的经济效益。

4.畜牧业结构的调整

随着人民生活水平的提高,相对于粮食来说,人们对畜产品将会有更大的需求,因而畜牧业将有更大的发展空间。畜牧业结构调整的战略方向是:大力发展耗粮少、饲料转化率高的畜禽产品生产,特别是增加秸秆和草料转化利用率高的牛、羊、兔、鹅等品种,大幅度提高食草性动物的产品产量;适应中国居民的肉类消费特点和需求变化,稳定发展传统的猪、鸡、鸭等肉类和禽蛋生产,加快品种改良速度,重点发展优质猪肉和禽肉生产,提高优质产品所占的比重;根据区域资源特点,建立不同类型的畜牧业专业化生产区;大力发展饲料加工业和畜产品加工业,推进畜牧业的产业化经营,实现畜产品的多次转化增值,提高畜牧业的综合效益。

5. 渔业结构的调整

渔业是利用水域进行捕捞和养殖的产业,主要产品是鱼类、虾蟹类、贝类和藻类。改革开放以来,我国渔业生产获得了快速发展,但渔业结构不尽合理,因此需要调整优化。我国渔业结构调整的战略方向是:保护和合理开发利用滩涂、水面等宜渔资源,加速品种更新换代,发展名特优新品种养殖,重点发展高效生态型水产养殖业,积极发展高科技工厂化养殖,因地制宜地发展水库和稻田养殖;稳定近海捕捞,加强保护近海渔业资源,完善休渔制度,严格控制捕捞强度,减少捕捞量;大力发展远洋渔业,不断扩大国外作业海域,加强国际渔业合作;大力发展水产品的精加工、深加工和综合利用,重点抓好大宗水产品的保质和低值水产品的深加工,提高水产品质量和附加值。

6. 优化农产品品种结构

在过去农产品供给数量不足的背景下,农业生产只能将追求数量的增长放在最重要的位置。目前,我国主要农产品供求中的数量矛盾已基本解决,这就使我国农业有条件在稳定提高生产能力的基础上,将优化品种、提高质量放到突出的位置来考虑。特别是加入 WTO 以后,我国的农产品将参与世界范围的市场竞争,提高农产品质量已成为当务之急。因此,不论是种植业,还是林牧渔业,都必须根据市场需求的变化,压缩不适销的品种,扩大优质品种的生产;通过品种改良和新品种开发,加速品种的更新换代,努力提高农产品的质量。

(四)调整优化农业产业结构的措施

根据农业产业结构的变化规律,以及改革开放以来我国农业产业结构调整的经验,要进一步调整优化我国的农业产业结构,必须采取以下措施:

1. 加大资金投入,完善基础设施建设

不断加大农业基础设施建设的投资力度,增强农业抵御自然灾害的能力,搞好水利、土地整理为重点的农业基础设施建设力度,加大以交通、供水、供电、通信为重点的农业生产生活设施建设,全面提高农业基础设施条件。

2. 加大对龙头企业的扶持力度,大力推进农业产业化经营

实践证明,农业产业化经营是调整优化农业产业结构的重要途径。通过农业产业化经营,处于无序状态的农业经营者实现了与市场的对接。因此,要继续大力推进农业产业化经营,进而带动农业产业结构的调整优化。推进农业产业化经营的一个重要环节是壮大龙头企业。政府要加大对龙头企业的扶持力度,为龙头企业创造良好的发展环境。要加快对现有农产品加工企业和流通企业的技术改造,鼓励采用新技术和先进工艺,提高加工能力和产

品档次。要加大对现有农副产品加工业和流通业的改组改造,把有市场、有效益的加工企业和流通企业,改造成为龙头企业;鼓励投资主体多元化,广泛吸引各类合作经济组织、社会民间资本和国外资本参与龙头企业建设;鼓励龙头企业到主产区建立生产基地,带动农业经营者调整生产结构。

3. 大力发展优质高产、高效生态农业和特色农业

农业结构调整工作必须因地制宜、扬长避短,结合本地实际情况,培植本地的特色产品和优势产业,大力发展优质高产、高效生态农业和特色农业。要立足资源优势,选择具有地域特色和市场前景的品种作为开发重点,尽快形成有竞争力的产业体系。建设特色农业标准化示范基地,筛选、繁育优良品种,把传统生产方式与现代技术结合起来,提升特色农产品的品质和生产水平。加大对特色农产品的保护力度,加快推行原产地等标识制度。整合特色农产品品牌,支持做大做强名牌产品。

4. 加强农业科技创新,为农业产业结构调整提供技术支撑

首先,要适应农业产业结构调整的要求,重新确立农业科技研发的重点。农业科技研发重点要从主要追求增产技术转向追求优质高效技术,从以粮、棉、油、糖、畜禽等大宗农产品生产技术为主转到大宗农产品生产技术与特色农产品生产技术并重,从生产技术领域拓展到产后加工、保鲜、储运等领域。其次,要抓住关键技术实行科技攻关。要重点围绕高科技育种技术、节水农业技术、病虫害综合防治技术、生态农业技术、绿色无公害生产技术、工业化生产技术、标准化生产技术以及农产品精深加工技术、农产品保鲜储运技术、农产品质量检测和动植物检疫技术进行科技攻关。最后,要加强农技推广体系建设,加快农业科技成果应用步伐。当前,主要是为农业经营者及时提供农业产业结构调整所需要的种子、苗木、种畜禽、菌种等,并为农业经营者解决农产品加工、储运、销售过程中的技术问题。

5. 加强对农民的培训,提高农民科技水平

要加强宣传教育,营造良好的培训学习氛围,积极引导和教育农民解放思想、转变观念,提高科学技术水平和意识。建立以政府投入为主、多方筹集的多元化投入机制,鼓励民营企业、农业龙头企业和个人捐资参与农民培训工作,解决农民科技培训经费不足问题。

第二节 农业生产布局

一、农业生产布局的概念和特点

（一）农业生产布局的概念

农业生产布局是农业生产发展的地域表现形式，是指不同地域的农业生产各部门及其各个生产门类、生产项目的地域分布以及不同地域的农业生产各部门及其各个生产门类、生产项目在一定地域范围内的组合，亦称农业配置。前者反映农业生产的区间关系，表现为不同区域农业生产的专业化；后者反映该区域的农业产业结构。

农业生产布局，是在一定的社会生产力水平和自然、技术、经济、社会等多种要素的综合影响下形成的。所以，在不同的历史时期、不同的社会经济条件下，农业生产布局有很大的差异，体现出不同的功能和特征。在封建社会，农业生产布局表现为分散性和自给自足的特点；在资本主义社会，繁荣的市场、发达的社会生产力、生产资料私有制决定了农业生产布局的市场化和趋利性，表现为市场的自由竞争和生产的无政府状态，大资本家实行垄断生产、经营，攫取高额利润，使得农产品供求极度不平衡，资源浪费严重；在社会主义制度下，实行国家计划和市场调节相结合，从国民经济发展的全局出发，因地制宜地进行农业生产的合理配置，在提高整体效益的基础上，实现农业产业的地域分工，使我国农业生产逐步实现区域化布局、专业化生产、规模化经营、产业化运行，进而提升我国农业的现代化水平。

（二）农业生产布局的特点

1. 农业生产布局的社会性

农业生产布局在不同的社会制度下，表现为不同的形态，发挥着不同的作用，不同的利益主体和消费群体对农业生产布局有很大的影响，因而，一个国家、地区的农业生产布局往往具有显著的社会性特征。

2. 农业生产布局的时代性

农业生产布局受社会生产力水平的影响，农产品的供给和需求出现阶段性不平衡使其在同一社会制度的不同时期体现出不同的特点，只有不断地进行调整优化，才能使农业的布局结构符合时代发展的要求。

3. 农业生产布局的科学性

农业是依赖自然生态环境条件发展起来的为人们提供基本生活资料的物质生产部门，农业生产对自然资源要素具有高度的依赖性，因此，农业生产的每一步都要符合自然规律，都要适应动植物的生长特征。所以,农业生产布局必须遵循客观规律,在对生产条件进行充分调研的基础上,利用科学方法进行合理布局,方能发挥农业的区域优势,达到预期的目的。

4.农业生产布局的效益性

农业生产的过程实质上是投入产出的转换过程,其根本目的是满足人们对农产品的多样化需求。这一过程充分体现了农业生产的效益性,没有效益就没有积累,农业再生产就不能维持,也就谈不上发展。而农业作为国民经济的基础产业,其效益不仅体现在经济效益上,同时还体现在社会效益和生态效益上,只有三者很好地结合,才能实现农业的可持续发展,农业生产才能实现环境友好、资源节约、高效合理。

二、农业生产布局的基本原则

农业生产布局受多种因素的综合影响,农业生产的特殊性决定了它不能脱离自然区位优势,不能背离其他产业而孤立存在,必须以国民经济发展的整体布局和区域特色优势的充分发挥为基本原则,结合社会需求和农业产业结构的换代升级进行科学决策和合理配置。根据我国长期农业生产布局调整的经验,农业生产布局应遵循以下基本原则:

(一)市场需求和地区优势相结合

我国地域辽阔,各地区的土地、气候、生产技术以及劳动力资源等的资源禀赋差异很大。农业生产必须以市场为导向,要结合本地的资源情况,发展那些既能符合市场需求,又能充分利用当地的资源能力的农业产业。市场需求和发挥地区优势二者有时会发生冲突,因为经常会出现国民经济、国防建设和人民生活对农产品的需求与当地的优势条件不相符合的情况,但最终还是要按国民经济的发展要求与自然条件、社会经济状况相适应的原则进行农业生产布局。

(二)农业布局与其他产业布局相适应

首先,农业生产布局要适应工业布局的需要。我国最终要实现由农业大国向工业大国的转变。农业生产是工业生产的基础,为工业生产提供原材料、能源动力等,所以农业的发展要考虑到工业的布局情况。比如,食品加工业密布的地区,就可以有计划地在工业区周边布局粮食生产。其次,工业布局也要适应农业布局的需要,特别是以农产品为原料的加工业。有些农作物对自然条件的要求比较严格,不适宜长距离运输。有些农产品加工后再运到消费地可以节省大量运输费用,就近布局深加工企业就很有必要。最后,农业生产布局还必须与交通运输业相适应,否则会影响农产品的正常流通。

(三)粮食布局相对均衡

我国是一个有着14亿人的人口大国,粮食是人们赖以生存的基本生活资料,因此,必须把粮食生产的合理布局置于重要地位。相对均衡地安排粮食生产,可以避免远距离运输,就地解决粮食问题,所以,除了国家建立规模较大的商品粮基地外,各省也应建立本地区的粮食基地。经济作物对自然条件的要求比较严格,商品性强,适当集中对其生产、运输、加工都有利。通过优化区域布局,把特色优势农产品做大、做强,不但可提高农产品的质量和商品价值,而且形成规模化生产后,能够带动农产品加工、贮藏、运输等相关产业的发展。

(四)专业化生产与综合经营相结合

我国农业生产目前仍以家庭承包为主,农业生产较为分散,科学技术的普及应用不广泛,这些因素制约了农业的专业化生产水平。目前,农村地区需要把专业化生产同综合经营结合起来,即农业生产的农、林、牧、渔各部门,粮、棉、油、麻等各种作物,应根据各地区的客观条件和社会需要,实行一业为主和综合发展相结合,按照一定的比例关系协调发展,使不同地区组成不同类型的农业生产结构体系。这样,既可充分利用各地区的自然资源条件,使农业劳动力和生产资料得到合理利用,又可使作为农业生产的基本生产资料的土地资源得到充分利用,做到用养结合;同时,可改善农业资金投资分布状况,避免由于投资项目过于集中而造成某一农产品受灾大幅亏损的情况。

(五)保持生态平衡

农业生产以良好的生态环境为自然基础,而合理的农业生产布局又有利于生态环境的改善。所以,在农业生产布局时,必须强调生态平衡,环境改良;避免"掠夺式"开发和经营,遵循客观规律、因地制宜,做到建设和保护相结合,形成良性的生态循环系统,以实现农业生产布局的持续稳定增效。

三、农业生产布局的调整与优化

(一)农业生产布局存在的问题

近年来,我国农业生态布局的调整虽然取得了初步成效,但"小而全、大而全"的农业布局和结构雷同问题仍很突出,特别是优质专用农产品生产还比较分散,区域分工、专业化生产格局尚未完全形成,地区比较优势也未能在农业产业结构中充分体现,具体表现在以下几个方面:

1. 农业生产结构不合理的现象还未根本改变

农业生产布局从总体上看,种植业所占比重较大,林、牧、渔业所占比重较小,这种布局状况首先是难以满足社会对农产品多样化的需求;其次,制约了农业各部门相互促进发展;最后,不能充分发挥我国农业资源种类繁多、地区差异大的优势。

2. 农业生产的区域配置仍不合理

目前,我国还没有完全形成宜农则农、宜牧则牧、宜林则林、宜渔则渔的合理的农业生产布局。造成农业生产地区布局不合理的原因,除了小农经济"小而全"的特点外,还因为以前没有按照客观规律来安排农业生产,片面强调"以粮为纲""一刀切",追求"小而全",强调"一切自给"等,造成农业地域特色不明显,农业生产专业化程度低,农产品质量标准和商品率不高,从而使农业生产布局的合理化受到严重影响。

(二)实现农业合理布局的途径

1. 重视农业与其他产业的协调与配合

从国家和地区战略层面来看,农业是其他产业发展的基础,必须从宏观层面对农业、第二产业、第三产业等做好合理布局,以提高资源利用率,增加各产业的经济和社会效益。

2. 促进农业的地域分工和专业化生产

根据我国的实际情况,按照因地制宜、适当集中原则,有计划地按地域建立一批农产品商品基地和优势农产品产业带,提高农业生产的专业化水平,既有利于迅速扩大商品农产品生产,保证社会需求;也有利于充分利用资源,发挥区位优势,提高经济效益。农业生产的区域专业化,是农业合理布局的表现;专业化的发展过程,也是农业布局合理化的过程。农业的专业化生产是农业生产布局演变的必然趋势,专业化水平的提高必将导致农业布局的变化。

3. 不放松粮食生产,积极发展多种经营

我国人口众多,在国民经济发展全局中,粮食始终被视为特殊商品和战略物资。随着人口增长以及人民生活水平的提高,我国的粮食需求总量将保持稳定增长趋势,未来粮食供给的压力会越来越大。实现粮食安全是一项长期、艰巨的任务,绷紧粮食安全这根弦,长抓不懈,是我们的一项基本国策。在调整农业的布局结构时,应特别注意粮食的安全生产与供应,建设好商品粮基地。同时,应积极开展多种经营,以建立合理的农业产业结构和良好的生态系统,推动农林牧渔各业持续协调发展。

4. 强化市场导向,发展适销对路的农业生产项目

社会经济联系的整体性决定了农业生产布局不能仅从农业部门发展出发,还必须考虑一定时期市场需求,特别是一定时期城市需求,即非农业需求。农业生产布局要坚持农、工、商一体化思想以及城乡一体化思想,以城市和市场为中心成为市场经济条件下农业生产布局的鲜明特点。

5. 重视农业科学技术研发,强化科技支撑

当前,科学技术在世界农业领域得到了广泛应用,新的农业科技革命正在蓬勃兴起。一是把以全球卫星定位系统为代表的高科技设备应用于农业生产,这将大大提高农业的生产水平;二是树立"互联网+"思维,借助互联网电子商务平台可以优化农产品产、供、销网络布局提高农产品流通效率;三是以基因工程为核心的现代生物技术应用于农业领域,将培育出更多产量更高、质量更优、适应性更强的新品种,使农业的生产布局突破原有自然资源条件约束,越来越多地受到人类的直接控制。

农业产业结构就是指农业各产业部门和各部门内部的组成及其相互之间的比例关系。农业产业结构的形成受自然资源条件、社会需求、生产力发展水平、体制和政策等因素影响。

农业产业结构是否合理是一个相对的和发展的概念,呈现出地域上的差异性和时间上的动态性。农业产业结构是否合理,可以从合理利用农业生产资源、满足市场对农产品的需要、各部门应协调发展经济效益、保护及改善生态环境等方面进行分析。

我国的农业产业结构比改革开放时已经有了较大的改善,但目前仍要继续优化。要进一步调整优化农业产业结构,可以采取以下措施:加强农民专业合作社和农产品运销组织发展,帮助农业经营者了解市场;加大对龙头企业的扶持力度,大力推进农业产业化经营;健全农产品信息体系、市场体系和质量标准体系;加强农业科技创新,为农业产业结构调整提供技术支撑;加强农业基础设施和生态环境建设。

农业生产布局是指农业生产在地域上的空间分布和结构安排,亦称农业配置。在不同的历史时期、不同的社会经济条件下,农业生产布局有很大的差异。我国农业生态布局的调整虽然取得了初步成效,但"小而全、大而全"的农业布局和结构雷同问题仍很突出,特别是优质专用农产品生产还比较分散,区域分工、专业化生产格局尚未完全形成,地区比较优势也未能在农业产业结构中充分体现。为了实现农业合理布局,必须开展农业资源调查和农业区划工作,摸清情况,掌握翔实资料;因地制宜,促进农业的地域分工和专业化生产;正确执行"决不放松粮食生产,积极发展多种经营"的方针;加大资金投入,强化科技支撑;建立完善农产品质量标准。

第三章　市场经济与农产品市场

第一节　认识市场经济

农产品生产者常常会遇到令人困惑的问题：市场在哪里？如何发现市场？市场就是具有购买能力和需求欲望的消费者的集合。对于某种商品来说，达到一定的收入水平，又愿意购买该商品的消费者，就是该商品的市场。对于农民来说，了解市场、分析市场、适应市场就显得十分重要。

一、完善社会主义市场经济运行机制

（一）市场经济特征

市场经济是社会资源配置主要由市场机制进行调节的经济，市场经济具有如下特征：

1. 自主经济

市场经济的主体是企业，企业可以自主按法定程序建立，实行自主经营、自负盈亏和独立核算的制度。任何组织和个人不得非法干涉其经营行为。

2. 开放经济

市场经济向所有的经营者和消费者开放，市场经济重视自由选择、平等竞争，没有地位、级别差异。市场经济要求在全国、全世界范围内建立统一的大市场，任何部门和地区封锁都是对市场经济的破坏，最终会导致经济的落后。

3. 竞争经济

市场经济条件下，生产者之间、消费者之间均是激烈的相互竞争关系。竞争使生产资源得到有效的配置和利用；竞争决定商品的价格。

4. 自发经济

市场机制对供求的调节和对生产资源的配置作用是自发进行的，即市场调节具有自发性。

5. 平等经济

市场经济是平等经济，以价值规律为基本交易准则，在市场面前人人平等，任何人不能拥有任何特权。市场经济要求在市场规则的基础上对经营者进行比较，各市场主体在机会

均等和公平的条件下参与竞争。

6. 法制经济

市场经济是法制经济,依靠一系列法律制度规范市场行为,依法进行经营是保证经营顺利进行的关键。

7. 风险经济

风险是市场的一个显著特征,市场经济是一种风险经济。市场经济以市场为基础对供求关系进行调节,由于各种不确定因素的影响,这种调节带有很大的风险性。市场风险通常表现为生产风险、销售风险、价格风险、信用风险等。风险意味着损失,也意味着收益。风险越大,相应的损失也越大。

8. 信息经济

市场经济是信息经济。市场运行靠一系列的信息进行传递和调节,谁拥有足量和及时有效的信息,谁就能争取主动权。市场运行中各种市场信息构成了市场经济发展的基础。经营者以市场为导向,应当掌握生产资料供应信息、产品需求信息、资金信息、价格信息等。

(二)市场经济的运行机制

市场经济的运行机制由许多机制组成,价格机制是其他各种机制发挥作用的基础,供求机制、竞争机制、风险机制等均靠价格机制才能发挥作用。

1. 价格机制

价格机制是通过价格涨落调节商品和其他要素的供求关系,指导生产和消费的经济运行机制。商品价格围绕商品价值波动,当商品价格大于价值时,生产经营者就能获得额外的纯收入;反之,就要亏本。市场价格是以价值为基础,由供求关系调节形成的一种均衡价格。

价格机制可以引导供求关系,使供求达到相对的平衡。同时利用价格机制在法律许可的范围内进行价格竞争,可以成为一种重要的竞争手段。

2. 供求机制

供求机制是通过供求关系的调节,形成均衡价格,从而指导供求双方行为的运行机制。供给大于需求,商品供过于求,形成积压,价格下跌;供给小于需求,商品供不应求,形成短缺,价格上涨;供给等于需求,商品供求平衡,市场稳定,价格平稳。

3. 竞争机制

竞争机制是通过合法竞争,在价格和其他方面形成优势从而提高经济水平,达到优胜劣汰的运行机制。

市场竞争是综合经济、科技等实力的较量,若有一个方面因素失误,就会造成总体竞争的失败。市场竞争一般采取以新取胜、以优取胜、以廉取胜、以信取胜、以诚取胜的"五胜制"原理。市场竞争围绕同行业厂商、同类产品、互代产品、争夺消费者、科技和信息等几个方面展开。

4. 风险机制

风险机制是通过风险和预期收益之间的关系,形成风险和收益的相互关系,指导经营者经营行为的运行机制。它包括风险的形成、风险的分散和风险的承担等内容。

(三)完善社会主义市场经济运行机制

1. 建立健全统一、开放、竞争、有序的现代市场体系

建立健全现代市场体系是充分发挥市场机制作用的重要条件,现代市场体系包括商品市场和生产要素市场。

商品市场是国民经济物质商品和服务交易的基本场所和主要形式。按商品的最终用途分类,商品市场分为消费品市场和生产资料市场。生产要素市场是提供生产要素的交易场所,不一定有固定的和有形的场所。生产要素市场主要包括:(1)金融市场,包括提供长期运营资本的资本市场,也包括提供短期资金融通的货币市场,还有外汇市场和黄金市场。(2)产权市场,既包括企业产权交易、股权转让市场,也包括技术产权交易市场。(3)劳动力市场,指劳动力按供求关系进行流动的场所。(4)土地市场,指以土地使用权为交易对象的市场,因为我国实行土地公有制,所以,在土地市场上不能进行土地所有权的交易。(5)技术市场,即以技术商品为交易对象的市场。商品市场是市场体系的基础。没有商品市场的发展,要素市场的发展就失去了基础和依据。但是,要素市场的发育程度和水平反过来又制约着商品市场的发展,特别是要素市场中的资本市场,对于其他要素市场和商品市场的发展具有重要的影响,是现代市场体系的核心。

统一、开放、竞争、有序是现代市场体系的基本特征。统一是指市场体系在全国范围内应该是统一的。统一还意味着市场按照统一的规划、制度进行组织和运作,要打破行业垄断和地区封锁。开放是指市场对内和对外都是开放的,从而能促进商品和要素的自由流动。竞争是指在市场体系中商品和要素的流动,必须在一个公平竞争的环境中进行。有序是指要有一定的规则来维护市场的正常秩序,保证公平竞争和资源合理流动。

2. 完善市场体系

我国商品市场的改革起步较早。经过多年的实践,已形成较为健全的商品市场。这为要素市场的发展奠定了基础,也迫切要求进一步发展要素市场。所以,当前和今后一个时期,健全现代市场体系的重点是推进要素市场的发展,要在更大程度上发挥市场在资源配置中的基础性作用,健全统一、开放、竞争、有序的现代市场体系,推进资本市场的改革开放和稳定发展,发展产权、土地、劳动力和技术等市场,创造各类市场主体平等使用生产要素的环境。

3. 规范市场秩序

市场经济的运行也要建立与其相适应的行为准则和行为规范。市场秩序包括市场进入退出秩序、市场竞争秩序、市场交易秩序和市场仲裁秩序等方面的内容。等价交换和公平竞争是社会主义市场秩序的基本要求。加强市场法制建设,加强市场监管力度,整顿和规范市

场秩序,既是保证经济正常运行的迫切需要,也是完善社会主义市场经济体制的客观要求。

加强信用建设,建立健全良好的社会信用体系,形成以道德为支撑、产权为基础、法律为保障的社会信用制度,是建设现代市场经济体系的必要条件,也是规范市场秩序的治本之策。信用的基本解释就是要遵守诺言、实践成约、取信于人。信用既属于道德规范,又属于经济范畴,缺乏信用不仅会造成经济关系的扭曲,而且会败坏社会风气。要增强全社会的信用意识,政府、企事业单位和个人都要把诚实守信作为基本的行为准则。要加快建设企业和个人信用服务体系,建立监督和失信惩戒制度,为市场经济的正常运行创造良好的条件。

二、市场引导农业生产经营

在市场经济条件下,社会的供给与需求均由市场来引导。一方面按照市场需求组织农业生产经营活动,通过市场交换实现商品的价值;另一方面又依赖于市场的供给,取得生产资料和生活资料,保证农业再生产过程的顺利进行。

(一)市场引导农业再生产过程

农业的再生产过程包括生产、交换、分配和消费四个环节,每个环节都离不开市场。

1.市场引导农业生产过程的产、供、销。农业生产过程的产、供、销,都与市场紧密相连,生产要根据市场需求确定生产经营项目,以消费定销售,以销售定生产,实现产销平衡;供应是用货币购买生产资料或劳务,使生产顺利进行;销售使生产的产品走向市场,实现其价值,获得价值补偿。

2.市场引导社会再生产过程的生产、交换、分配和消费四个环节。1)市场引导农产品的生产。生产经营者根据市场供求信息,确定生产经营项目,组织生产经营活动,生产什么、生产多少,完全由市场来决定。2)市场引导农产品交换。生产者出售农产品,实现产品价值,使生产消耗得到补偿;中间商先购后卖,以获得进销差价;消费者购买农产品而获得使用价值,达到消费的目的。这一系列的交换活动,都是由市场来引导的。3)市场引导农产品实体分配。实体分配包括商品的加工、运输、保管等工作。在市场机制的作用下,农产品南调北运、秋收冬储、低价囤积、高价出售等活动,都是市场引导的结果。农业生产资源的分配,也在市场引导下自由流动。4)市场引导消费。市场是沟通农业生产与消费的桥梁。农业的生产消费和农民的生活消费,都是通过市场购买实现的。

3.市场引导农业再生产。农业是不断周而复始的再生产过程,一个过程结束,下一个过程开始,其生产、交换、分配、消费同样由市场引导。

(二)市场引导生产资源的流动

市场具有配置生产资源、调节资源供求的功能。在市场机制的作用下,当市场上某种商品供不应求时,商品价格上涨,生产规模扩大,市场引导生产资源向这一方向流动,反之亦然。

1.市场引导土地资源的流动。同一块土地,不同的用途,产生的效益是不同的。在比较利益的作用下，土地拥有者选择利益比较大的生产经营项目，促使土地资源向高效益项目流动。

2. 市场引导农业劳动力的流动。农业劳动力在各生产部门、各生产项目之间的投放和流动，是由劳务市场引导的。在劳务市场上，劳动者自愿、平等地实现其劳动价值的互换。当前，我国农村存在劳动力过剩现象，在市场机制的作用下，农村劳动力向城市流动，贫困落后地区的劳动力向富裕发达地区流动，低收入地区的劳动力向高收入地区流动。

3. 市场引导资金的流动。资金有货币、实物资产和无形资产等形态。在市场机制的作用下，利率、成本、利润等经济杠杆的推动，使资金向成本低、利润高的地区和生产项目流动，以实现资本的保值和增值。

4. 市场引导技术的流动。科学技术是一种重要的生产资源，高新技术能促进生产力的飞速发展。在市场机制的作用下，资料、图纸等技术载体向畅销高利的方向流动；先进设备、高科技材料等技术载体，向成本、价格有利的方向流动；具有高新技术知识的科技人员，从低效益区向高效益区流动，以实现科技人员的高科技价值。

三、市场引导农村产业的发展

一个国家或地区的农村产业构成及其比例关系，除了受自然资源条件、政治条件的影响外，还有市场机制的引导作用。市场需求是某一个产业或行业产生的前提，也是调整产业结构和农业生产布局的依据，市场需求促进农业生产区域化、专业化的发展。

第二节　农产品市场体系

一、建立健全农产品市场体系

（一）农产品市场的特点

1. 市场广阔，购买的人数量多而分散，需要建立广阔的销售网点

所有的消费者都是农产品的消费者，人类要生存，就必须消费食物，食物来源于农产品，所以，从某种意义上来说，农产品市场是人类整体，这是农产品市场需求的显著特征。由于农产品的消费者居住分散，为了尽量扩大农产品的消费群体，农产品生产者需要建立大量的销售网点。

2. 消费者购买多属小批量的经常购买，购买频率高

由于农产品保质期较短，不耐贮藏，消费者一次购买的数量较少，消费完后，会重复购买，呈现购买频率高的消费特征。生活必需的农产品，该特征尤为明显。

3. 生活必需农产品需求弹性小，享受农产品需求弹性大

生活必需农产品如大米、蔬菜、猪肉等，是人们每天几乎都要消费的农产品，这些生活必需的农产品需求不会随商品价格的较大幅度变化而发生大的改变。也就是说,价格下降,消费者不会增加较多购买量；价格升高,消费者的购买量也不会大量减少。其余的享受农产品如高档水果、花卉及由农产品加工的食品如饼干、糕点等,当其价格下降,消费者会增加较多购买数量；而其价格一旦上升,消费者则大量减少购买数量,表明消费者对这类农产品的购买量随价格的变化,会出现较大幅度的变化。

4. 不需要售后技术服务

进入消费市场的农产品是最终产品,消费者购买后直接消费,是最终消费,不需要农产品生产者提供技术服务。

5. 注重消费安全

虽然绝大部分农产品的价格不高,农产品消费支出在消费者总支出中的比重并不大,但是,由于农产品的消费将直接影响消费者的身体健康,因此,消费者在选购农产品时更注重消费的安全性。

（二）农产品市场的分类

从不同的角度,根据不同的需要可以把农产品市场分为不同的类型,比较常见的分类有以下几种：

1. 按流通区域划分

（1）国内市场。国内市场是指一定时期国家内部农产品商品交换活动的总和或农产品交换场所。国内市场还可分为城市市场和农村市场。

（2）国际市场。国际市场是各个国家和地区的经济贸易往来和国际分工联系起来的农产品商品交换活动的总和或农产品交换场所。

2. 按流通环节划分

（1）采购市场。农产品生产是分散进行的,所以农副产品先集中在农村产地的采购市场,然后批发、调拨供应集散市场。

（2）批发市场。批发市场指专门起着中转商品作用的,进行商品转卖的交易场所。目前我国发展起来的贸易货栈已成为主要的批发市场。

（3）零售市场。零售市场指从批发商或生产者购进商品,直接满足人民需要的商品交易场所。

3. 按农产品的使用价值划分

（1）生活消费市场。其是指以满足居民个人及其家庭所需要的生活资料为对象的市场。

（2）生产消费市场。其是指以满足生产单位或个人进行再生产所需要的生产资料为对象的市场。

4. 按照交易场所的性质划分

（1）产地市场。即在各个农产品产地形成或兴建的定期或不定期的农产品市场。产地市场的主要功能是为分散生产的农户提供集中销售农产品和了解市场信息的场所，同时便于农产品的初步整理、分级、加工、包装和储运。产地市场的主要特点是：

1）接近生产者。2）以现货交易为主要交易方式。3）专业性强，主要从事某一种农产品交易。4）以批发为主。

（2）销地市场。销地市场是设在大中城市和小城镇的农产品市场，其还可进一步分为销地批发市场和销地零售市场。前者主要设在大中城市，购买对象多为农产品零售商、饭店和机关、企事业单位食堂。后者则广泛分布于大、中、小城市和城镇。销地市场的主要职能是把经过集中、初加工和储运等环节的农产品销售给消费者。

（3）集散与中转市场。其主要职能是将来自各个产地市场的农产品进一步集中起来，经过再加工、储藏与包装，通过批发商分散销往全国各地的批发市场。该类市场多设在交通便利的地方，如公路、铁路交会处，但也有自发形成的集散与中转市场设在交通不便的地方。这类市场一般规模都比较大，建有较大的交易场所和停车场、仓储设施等配套服务设施。

5. 按照农产品交易形式划分

（1）现货交易市场。现货交易市场是进行现货交易的场所或交易活动的总和。所谓现货交易是指根据买卖双方经过谈判（讨价还价）达成的口头或书面买卖协议所商定的付款方式和其他条件，在一定时期内进行实物商品交付和货款结算的交易形式。现货交易又分为即期交易和远期交易。前者指买卖双方立即进行的一手交钱、一手交货的交易。我国目前进行的小额农产品市场交易多属于此类。而后者是指根据买卖双方事先签订的书面形式的农产品买卖合同所规定的条款，在约定的时期内进行实物商品交付和货款结算的交易形式。我国目前出售大宗农产品多采用远期现货交易形式。

（2）期货交易市场。期货交易市场就是进行期货交易的场所，如郑州粮食期货交易所。所谓农产品期货交易的对象并不是农产品实体，而是农产品的标准化合同。

6. 按照商品性质划分

按照商品性质划分，农产品市场还可分为粮食市场、蔬菜市场、肉禽市场、水产市场、果品市场、植物纤维市场等。

（三）建立健全农产品市场体系

加强农产品市场体系建设，对扩大内需，保障农产品有效供给，促进农民增收，引导农村消费，推动农村经济结构战略性调整，确保农业和农村经济稳定增长，都具有重要意义。为此，应努力做好以下工作：

1. 对农产品市场体系建设进行科学规划与布局

要科学制定农产品市场体系建设规划及实施纲要，从宏观上加强对农产品市场体系建设的指导。各级地方政府要坚持因地制宜、分类指导、务求实效、循序渐进的原则，对农产品市场体系的建设进行统一规划，避免盲目建设和重复建设。同时，在规划新建市场时，要着眼于多层次、多类型、多功能的发展定位，进一步规范、发展、完善市场功能，增强辐射能力，切实做到农产品市场规划的科学性与合理性。

2. 完善市场的基础设施建设，推进农产品市场的现代化管理

市场基础设施建设是农产品市场体系建设和发展的重要保障。因此，要加快传统集贸市场和农产品批发市场的整合、改造和升级，特别是要加强重点产区和集散地农产品批发市场、集贸市场等流通基础设施建设，改善交易条件，提高交易效率。重点要加强市场场地的硬化、水电路配套、交易棚厅，以及农产品加工和贮藏保鲜等设施建设，尽快改变市场设施简陋和脏乱差状况。同时，要完善市场服务功能，提高农产品市场体系的网络化程度。加强对仓储设施、配送系统、通信、信息网络、电脑结算系统、农产品质量安全检验检测系统等农产品市场的配套设施建设。

3. 加快市场的信息化建设

逐步健全各级信息服务体系，为农民提供市场信息、购销对接等服务，衔接产销，着力解决农产品卖难问题。

4. 加强农产品流通的网络建设

一是继续实施"双百市场工程"，支持大型鲜活农产品批发市场和县乡农贸市场升级改造；二是培育"农超对接"龙头企业，支持大型连锁超市、农产品流通龙头企业与农村专业合作组织对接；三是促进"农超对接"基地品牌化经营，提升基地农产品品牌知名度和市场竞争力，强化农产品基地农民培训，提高农民进入市场的能力。

5. 健全市场法律体系和监督机制，规范市场秩序

健全的法律体系和高效的监督机制是规范市场秩序的基本前提，也是市场体系建设和健康发展的必要保证。因此，要以公平竞争为原则，致力于维持市场秩序，保护合法经营，维护生产者、经营者和消费者的合法权益，坚决取缔各种违章违法经营，严厉打击制假售假、商业欺诈等违法行为，逐步完善各项交易服务设施，尽快解决农产品市场体系建设中市场主体和客体市场准入、市场载体功能缺失、中介组织定位的问题。国家对此应制定相应的法律法规，集中对涉及农产品市场体系建设的有关法规、政策等进行清查，消除不利于农村商品市场体系建设的各种政策性障碍。加快制定、补充和完善与有关法律、法规配套的条例、实施细则，使法律、法规更有可操作性。

6. 培育壮大市场主体

积极培育、壮大农产品经纪人队伍，围绕农产品流通政策、运销贮藏加工技术、质量安全知识与法规、农业科技等内容开展农产品经纪人培训，向农产品经纪人提供市场信息服务，帮助他们提高素质，增强市场开拓能力。积极引导农民营销合作组织发展，鼓励运销大户、农产品加工和流通企业领办营销合作组织，提高农民参与农产品流通的组织化程度，增强市场竞争力。

7. 清理整顿农产品市场的各种收费

大力整顿农产品市场收费，降低过高的收费标准，取缔各种不合理收费，合并重复收费项目，已停收的各种税费一律不得恢复。推广统一收费经验，实行一费制，解决多头或重复收费问题。

二、农产品市场信息

（一）农产品市场信息的内容

农产品生产者需要的信息是多方面的，总的来说，主要可以分为以下几类：

1. 市场信息

市场信息是农产品生产者决策前需要掌握的主要信息。目前，除少数大宗农产品外，我国绝大部分农产品已经放开经营，大量的农产品生产者都面临着激烈的市场竞争。同时，农产品生产者面临国内、国际两个市场的竞争，国外的许多农产品比国内农产品质优价廉，这将使我国农产品生产者面临的竞争更激烈。了解农产品市场供求状况，为农产品生产者决策提供指导，有利于农产品生产者在市场竞争中处于主动地位。

主要的市场信息内容包括：

（1）市场供给信息。上年度产品生产总量、产品进出口情况、本年度产品供给情况预测、相关产品供给情况等。

（2）消费者需求信息。上年度市场消费总量、本年度市场需求量预测、消费者收入水平变化情况、消费者需求偏好变化情况等。

（3）市场价格行情。上期市场价格水平和波动情况、当期价格水平、未来价格走势预测等。

（4）相关政策信息。政府农业产业政策、政府宏观调控政策等。把握国家宏观调控政策信息，对于相关生产者来说，也意味着孕育市场机会。

（5）产品动态信息。市场畅销品种、新品种信息、产品质量标准信息等。先于竞争者获得新品种的信息，在竞争中就掌握了优势，了解各种优质农产品相关质量指标信息，可以指导农产品生产的标准化，使农产品符合市场需求。如目前，我国已经对八类粮食品种制定了新的质量标准指标体系，这对于相关产品生产者来说，是应该了解的重要信息。

2. 实用技术信息

与工业产品不同，农产品在生产过程中，容易受到外界环境的影响而造成损失，如旱灾、涝灾、冰雹、病虫害、瘟疫等。因此，农产品生产者需要先进适用的抗旱、抗涝、抗雹、抗虫、抗病等抵抗自然灾害的技术。在农产品收获后，生产者也需要农产品保鲜技术信息、优质农产品质量标准信息、农产品包装技术信息等实用技术信息。这些信息对农产品生产者解决经营过程中的实际困难，具有较强的现实指导作用。

3. 农业科研动态信息

在竞争越来越激烈的市场环境下,了解科研的最新进展,对农产品生产者的未来决策具有重要意义。由于农产品的生产特性,生产周期长,生产过程中不能改变决策,因此,农产品生产者在生产之前,要谨慎决策。掌握农业科研的一些发展动态信息,能够增强决策的准确性。

(二)农产品市场信息收集的方法

在了解市场信息的内容后,接下来要做的是信息的收集工作。农产品生产者如何来获得所需的信息呢?具体来说,生产者可根据信息的种类采取不同的收集方法。

1. 收集二手信息的方法

在市场营销实践中,已经被编排、加工处理出来的数据、资料信息称为二手信息。获得二手信息的速度较快,而且成本也低。农产品生产者收集二手信息的主要途径有:

(1)订阅报纸、杂志。农产品生产者可以到邮局订阅市场报、农民日报等报纸杂志,从中获得产品和市场信息。

(2)收听广播、收看电视节目。农产品生产者可以从广播、电视中了解国家政策方针、产业发展情况、产品供求信息等。

(3)购买统计出版物及相关书籍。政府的统计年鉴、农业技术普及读物,也是农民掌握市场信息和生产技术的有效途径。

(4)上网。科学技术不断为人们提供越来越便捷的获取信息的途径,网络就是其中之一。对于农产品生产者来说,市场信息显得更加重要,谁先掌握信息,谁将在竞争中占据优势。因此,具备一定条件的农产品生产者,可以通过网络获取信息,使自己及时把握市场动态。随着网络的发展,我国农产品网络建设方面也获得了较大的发展,目前农产品相关的政府网站和商业网站都比较多。农产品生产者可以通过网络获得产品供求、价格、技术、政策、展销会、国际市场动态等各种信息。

2. 收集原始信息的方法

农产品生产者获得的二手信息,多数只能对农产品生产者起宏观指导作用,在涉及具体的某方面经营决策中,生产者还应该收集原始信息。原始信息是指为具体的目标专门收集的信息,如新产品的市场分析、消费者态度调查等。原始信息主要通过市场调查收集,农产品生产者可以根据具体的项目制订市场调查计划。

(三)农产品市场调查计划的编写

农产品市场调查计划的内容主要包括以下几点:

1. 调查的方法

农产品原始信息的收集主要采用问询式调查的方式,也就是直接询问被调查者与调查内容相关的问题。如新产品的命名、口感测试调查、消费者消费偏好调查、广告宣传的效果调查等都可以采用直接询问消费者的方式获得所需信息。

2. 与调查对象的接触方式

农产品生产者在问询式调查中，可通过电话、信件、当面询问等几种方式与调查对象接触。这几种接触方式各有优缺点：通电话的方式灵活、便利，但是受通话时间的限制，双方只能做简短的交流，成本也较高；信件通信成本低廉，但是回收率不高，而且所需时间较长；当面询问，调查者能根据调查对象的反应灵活处理，深入话题，但这需要大量的高素质的调查人员，成本也较高。农产品生产者可根据具体的调查项目选择接触方式。

3. 调查对象的选择方式

在问询式调查中，农产品生产者还面临着一个问题，即如何选择调查的对象。一般来说，选择一部分有代表性的调查对象即可获取准确性较高的调查结果。调查人员可以采取随机方式选择调查对象，也可以依据年龄、性别、收入水平等不同标准进行分组，从每组中抽取一定数量的人进行调查。

4. 调查表的设计

为了使调查者在调查过程中能围绕调查项目与调查对象交流，在实施调查工作前，调查人员可以设计一份调查表，将所要调查的内容详细列出。设计调查表时，要注意问题形式的设计，可设计有答案选择的问题，也可以设计自由回答的问题；注意问题的表达语气和顺序，使用简单、直接、无偏见的语气；第一个问题应尽可能地引起调查对象的兴趣。

三、充分利用农产品市场信息

1. 信息加工

信息加工是在原始信息的基础上，生产出价值含量高、方便用户利用的二次信息的活动过程。这一过程将使信息增值。只有在对信息进行适当处理的基础上，才能产生新的、用以指导决策的有效信息或知识。

（1）信息的筛选和判别。在大量的原始信息中，不可避免地存在一些假信息和伪信息，只有通过认真的筛选和判别，才能防止鱼目混珠、真假混杂。

（2）信息的分类和排序。收集来的信息是一种初始的、零乱的和孤立的信息，只有把这些信息进行分类和排序，才能存储、检索、传递和使用。

（3）信息的分析和研究。对分类排序后的信息进行分析比较、研究计算，可以使信息更具有使用价值乃至形成新信息。

2. 进行预测

预测是对事物将来的发展趋势做出的估计和推测。

（1）生产预测。生产预测是对将来农业生产项目、生产规模、产品结构等发展趋势的推测。农民可根据市场调查的信息，发现市场中的规律，做出正确的推测。农民也可以根据这些预测制订长远的发展计划，并随着生产的发展，不断调整生产项目，改善产品结构，扩大生产规模,提高经济效益。

(2)销售预测。销售预测是对农产品供应量、需求量、价格和农产品需求时间的预测。这类预测与农民的生产经营最为紧密,也最经常。供应量预测是对农产品供应数量、供应时间的预测。把握准供应量预测,可以避开供应高峰,提前或延后上市,从而合理安排生产面积,选择生产品种进行生产,在竞争中取得优势。销售价格预测是对农产品在不同供应时间的价格预测。销售价格预测可以决定是否种植、种植多少,以及在什么时间上市价格较好。对农产品需求时间预测是因为农产品生产需要一定时间,进行需求预测要有一定的超前性,以便正确安排生产时间,保证产品准时上市。

(3)经营成果预测。经营成果预测是对一定时期内的总收入、总成本、利润等内容的预测。对经营成果的估计应建立在对生产量、销售量以及销售价格预测的基础上。在生产经营开始前农民就已想到了经营成果,对经营成果的追求是生产经营发展的永久动力。

3. 进行经营决策

经营决策是农民对经营达到的目标和实现目标的措施进行的选择和决定。

(1)生产决策。生产决策是对一定时期内农业企业或农民家庭达到的经营目标、生产目标、选择生产项目、生产规模等问题进行的决定。生产决策是经营决策的核心部分,是决定其他决策方向的关键,是进行农业经济管理的中心环节。农民应在充分考虑所具备的资金、劳动力、技术、设施等条件后,根据市场行情的变化趋势确定生产目标和具体的生产项目。进行生产决策时应制定具体的量化目标,一般包括生产面积、产量目标、收入目标和利润目标等。

(2)技术决策。技术决策是经营者为达到经营目标,结合农业生产实际,对采用何种生产技术措施和何种技术装备等问题的决定。农民要达到预期的生产经营目标,必须采用相应的技术措施。技术措施的选择,应以适用技术为重点。适用技术是指在特定条件下能够达到预期目的,综合效益较好的技术。适用技术不一定是先进的技术,适用技术应具备两个基本条件:一是该技术和当地的自然、经济条件相适应,特别是与当地农民的经济条件相适应;二是必须有良好的效益,包括经济效益、生态效益和社会效益,既能获得良好的经济效益又不会破坏生态环境。

(3)物资采购决策。物资采购决策是经营者根据以上决策对物资采购进行全面的安排,以便按时、按量采购生产所需的生产资料,保证生产的顺利进行。进行物资采购决策时,注意采购生产资料应以满足生产项目和技术水平要求为标准,不能贪图便宜,随意购买劣质生产资料。否则,虽然一时占些便宜,但轻者会降低产品产量和产品质量,重者会造成严重的损失。劣质种子、假化肥、假农药等危害严重,甚至导致绝产绝收。进行物资采购决策时,应办理严格的采购手续,签订采购合同,索取对方出售物资的发票。

(4)销售决策。销售决策是对出售农产品时所采取的销售渠道、销售方式、销售价格等问题进行的决定。农产品的销售渠道和销售方式多种多样,农民应根据产品类型、自身条件、产品产量、市场供求状况和出售价格等因素,确定合理的销售范围;选择合适的销售渠道和销售方式,使产品尽快以合理的价格销售出去,收回资金,降低经营风险。

第三节　农产品价格

一、认识农产品价格

（一）农产品价格的作用

合理的农产品价格,对农业扩大再生产具有重要作用。农产品价格的作用具体表现在：

1. 农产品价格水平的高低,直接关系着农业生产的发展。农产品价格如果不能补偿农业生产消耗的各项费用支出,农业就不能维持简单再生产,在商品生产的条件下也就无人愿意从事农业生产。农产品价格如果不能给农业生产提供一定的利润,农业就不可能获得扩大再生产所必需的积累。在商品生产的条件下,也就无法保证农业的发展。

2. 农产品价格直接影响着农产品在地区之间的流通和农业的合理布局。如果农产品的价格在产地和销地没有差别,农产品的流通费用就无法得到补偿,就没有人肯积极地从事农产品的运销。这样,农业在地区之间的合理分工也就成为不可能。

3. 农产品的价格直接影响着农业内部各种生产项目是否可以按照社会所需要的比例发展。如果社会所短缺的农产品的价格过低,而社会所富余的农产品的价格过高,就会使农业生产的比例关系更加失调。

4. 农产品的价格关系着工业生产的成本和工业品的价格。农产品的价格提高,就会使以农产品为原料的工业生产成本提高,并迫使工业品的价格上升。

5. 农产品价格水平直接关系着农民的收入和消费者的利益。农产品价格降低,就意味着农民收入的下降。农产品价格上升,就意味着农产品消费者的支出增加。

综上所述,农产品的价格是一个既关系农业生产又关系工业生产,既关系农民的收入又关系国家和广大消费者的利益的十分重要的经济问题和政治问题。同时也可以看到,在价格问题上,交织着多方面的矛盾,因而解决好这个问题是很不容易的。

（二）农产品的价格构成

1. 物质费用

物质费用指在直接生产过程中消耗的各种农业生产资料和发生的各项支出的费用,包括直接生产费用和间接生产费用两部分。直接生产费用,是在直接生产过程中发生的、可以直接计入各种作物中去的费用,包括种子秧苗费、农家肥费、化肥费、农膜费、农药费、畜力费、机械作业费、排灌费、燃料动力费、棚架材料费及其他直接费用。间接生产费用,是指与各种作物直接生产过程有关,但需要分摊才能计入作物成本的费用,包括固定资产折旧、小农具购置及修理费、其他间接费用等。

2. 人工费用

人工费用指在农业生产过程中的人工投入费用,其可分为直接生产用工费用与间接生产用工费用两部分。直接生产用工费用,是指各种作物直接使用的劳动用工费用。间接用工费用,是指多种作物的共同劳动用工费用,这部分费用应按各种作物播种面积进行分摊。

3. 期间费用

期间费用指与生产经营过程没有直接关系和关系不密切的费用,包括土地承包费、管理费用、销售费用和财务费用。

4. 利润

农产品销售价格减去物质费用、人工费用、期间费用后的剩余部分。

(三)农产品价格体系

农产品从生产领域进入消费领域,一般都要经过流通领域。农产品在流通领域也要经过不同的流通企业,经过收购、批发、零售等若干环节。每经历一道环节,都要发生一次交换行为,出现一次买卖关系,因而就有一种价格。在收购环节有收购价格,在批发环节有批发价格、供应价格,在零售环节有零售价格。农产品收购价格是基础价格,批发价格属中间环节的价格,零售价格则属于农产品商品的实现价格。这些不同环节的价格,又由购销差价、地区差价、批零差价、季节差价、质量差价等互相联系起来,构成错综复杂的农产品价格体系。

1. 农产品收购价格

农产品收购价格指农产品收购者向农产品生产者收购农产品的价格,也称农产品采购价格。在我国主要是指国有企业和供销合作社向农业生产者收购农产品的价格。它是农产品进入流通领域的第一道价格,是制定农产品其他销售价格的基础。它体现着国家与农民、城市与农村、工业与农业的关系。新中国成立以来,随着我国农产品供求及经济体制的变化,农产品收购价格的形式也在相应地变化,前后计有统购价、派购价、超购加价、议价、委托代购价、国家定购价、市场收购价等。

2. 农产品销售价格

农产品销售价格包括农产品产地批发价格、销地批发价格、零售价格:

(1)农产品产地销售价格。它是农产品产地批发企业向批发企业或零售企业出售农产品时所采用的价格。其一般是在产地收购价格基础上,加购销差价确定的。购销差价内包括产地企业合理的经营费用、税金和一定的利润。

(2)农产品销地批发价格。它是销地批发企业向零售企业或向生产单位出售农产品、工业原料的价格。大中城市和工矿区所需农产品数量大,多由产地集中,经销地批发环节再分散供应。因此,销地批发价格常在产地批发价的基础上,加销地企业的合理费用、税金和利润制定。

(3)农产品销地零售价格。农产品零售价格是流通过程中最后一个环节的价格,也就是与消费者的见面价。合理的农产品零售价,直接关系着市场物价稳定。因此,应重视农产品零售价的管理。农产品零售价格,一般是在销地批发价的基础上,加批零差价制定。

3. 农产品的比价

(1)工农产品的比价。工农产品比价就是农民购买工业品所付的水平同农民出售农产品所得的价格水平的对比,或一定数量的农产品能够交换到工业品的数量。它通常用工业产品的销售价格指数的变动幅度,同农产品收购价格指数的变动幅度的对比加以反映。工农产品比价的合理与否是关系工农业生产能否协调发展,工农差别、城乡差别能否逐步缩小的重要的经济问题和政治问题。如果农民所得的价格水平的提高,快于农民所付价格水平的提高,就会更加有利于农业的发展和农民收入的增长。反之,就会更加有利于工业的发展和工人收入的增长。因此,为了正确处理工农关系,必须经常研究工农产品比价的变化,并多方采取措施使之合理化。

(2)农产品之间的比价。农产品的比价通常指同一时期、同一地区、各种农产品价格之间的比例关系。这种比例关系直接影响着不同农产品的生产者的收入,也极大地影响着各种农产品的生产和消费。

4. 农产品的差价

农产品差价指同一商品由于生产成本、流通费用、储存以及商品质量不同等原因而形成的价格差额,主要有以下几种:

(1)农产品购销差价。农产品购销差价指同一种农产品在同一地区的收购价格与销售价格之间的差额。适当的购销差价除补偿农产品运销各环节上的流通费用外,还有调节农产品的市场供求关系。反之,购销差价不合理,则会挫伤农民生产、企业经营农产品的积极性,并影响消费。

(2)农产品地区差价。农产品地区差价指同一时间、同一商品的收购价格在不同地区之间的差额。地区差价的形成,主要是由于不同地区的自然、经济条件存在差别,而产生同一种农产品在不同地区消耗的劳动量不同,成本不一。合理的地区差价有利于促进条件较差的地区发展农业生产,又不致影响条件较好地区的积极性。

(3)农产品季节差价。农产品季节差价指同一商品在同一地区的收购价格或销售价格在不同季节之间的差额。季节差价的存在是由于某些农产品的季节性生产同常年的消费需求之间存在矛盾,因而从生产到消费的时间差中,增加了储存、保管、自然损耗和利息等费用。此外,同种农产品在不同季节生产,产量和费用的差别也很大,如蔬菜温室生产费用高,提早上市产量低。实行季节差价可以补偿由于上述原因而增加的生产、流通费用,还有利于平衡淡旺季的农产品供应。

（4）农产品质量差价。农产品质量差价指同一商品因质量不同而形成的价格差额。优质优价、劣质低价,拉开品质差价的档次,有利于促进农产品品质的提高和保护生产者、消费者双方的利益。

二、农产品定价

（一）农产品定价时应考虑的因素

在农产品进入市场之前,生产者应确定合适的价格,这是一项非常复杂、细致的工作。综合来看,生产者应主要考虑以下几个方面的因素：

1. 生产成本

一般来说,首先应考虑在农产品的生产过程中投入了多少生产费用,如购买种子、化肥、农药及其他生产资料的支出,还有劳动用工等。农产品加工品的生产成本则包括厂房、机器、设备、原材料、人员、资金等投入费用。对这些费用进行初步计算,就得到了在产品定价中第一个必须考虑的因素——生产成本。将生产成本除以收获的农产品总量,得到单位农产品生产成本。在农产品销售过程中,产品的定价应至少与单位农产品生产费用相等,也就是说,至少要能弥补成本,不亏本。在市场竞争激烈的情况下,农产品生产者在短期内可暂时撇开考虑弥补厂房、机器、设备投入的费用,仅弥补原材料、人员、工资的费用。

2. 市场需求

在考虑产品生产成本的基础上将价格的决策权交给消费者,由消费者决定产品的定价是否正确。由于农产品大多是家庭日常消费品,本身商品价值不高,因此,农产品生产者不能将价格定得过高。同时,一般消费者都具备一定的农产品质量辨别能力,消费者在购买农产品的时候会根据自己的判断来确定产品的品质和价格,农产品价格定得过高,消费者根据自己的理解认为产品不值这么高的价格,就不会接受这一价格。因此,在农产品的定价过程中,生产者应对产品在消费者心目中的价值水平做出初步判断,以此作为产品定价的依据。如果你的产品质量好,或者产品具有新、奇、特等特征,而且是深加工、精加工产品,消费者对产品的理解价值也会提高,这时可以相对定高价,这也体现了优质优价的定价原则。

3. 竞争者的产品和定价情况

在农产品定价过程中,还应考虑的另一个重要因素是竞争者的产品定价情况,也就是生产同类农产品的其他生产者,他们的产品具有什么特色,价格定位在什么水平。从竞争者产品特色上可以了解自己在竞争中是否具有优势,而竞争者的价格定位水平可以作为农产品进行定价时的参考。一般来说,农产品生产者可选择将产品定价低于竞争者、与竞争者同等或高于竞争者。在生产者实力较为弱小、信誉不高或其产品是大路货,没有什么特色、优势时,为求得在市场上占有一席之地,可以采取低于竞争者的价格方式定价。对于实力一般的生产者,则可制定与竞争者同等水平的价格,避免双方间的价格竞争。而实力较为强大,或产品具有竞争对手没有的特色的农产品生产者,在消费者愿意为获得优质、特色的产品支付较高价格的情况下,定价可高于竞争者的价格。

(二)农产品定价策略

1. 心理定价策略

(1)奇数(尾数)价格策略。奇数价格策略又称零头定价策略,指企业为了迎合消费者心理,给农产品制定一个带有零头的数结尾的价格策略,如 0.99 元、199.8 元等。它会给消费者一种经过精确计算后才确定最低价格的心理感受,增加对农民的信任感,从而扩大其商品的销售量。

(2)整数价格策略。为了迎合消费者"价高质优"的心理,给商品制定了整数价格策略。对于价格较高的高档商品、耐用商品、馈赠礼品宜采用该种策略。

(3)分级价格策略。把商品按不同的档次、等级分别定价。此方法便于消费者根据不同的情况按需购买,各得其所,并产生信任感和安全感。

(4)声望价格策略。凭借在消费者心目中的良好信誉及消费者对名牌产品偏好的心理,以较高的价格进行产品定价。

(5)招徕价格策略。为了迎合消费者的求廉心理,暂时将几种消费品减价以吸引顾客招徕生意的策略。该策略对日用消费品比较奏效。

(6)习惯价格策略。习惯价格策略指对已经是家喻户晓、习以为常、消费者难以改变的常用商品采取的价格策略。习惯价格不宜轻易变动,否则容易引起反感。

2. 折扣与折让策略

(1)现金折扣。现金折扣也叫付款折扣,是对在约定付款期内现金付款或提前付款的消费者在原定价格的基础上给予一定的折扣。例如,20 天付清的款项,当场付款,给 5% 的折扣;若提前 10 天付款,则给 2% 的折扣;20 天到期付款,则不给折扣。

(2)数量折扣。数量折扣指根据购买数量,给顾客以一定幅度的折扣。这里,有两种形式:一是累计数量折扣,在一定时期内(一个月、一年),顾客购买产品的总量超过一定数额时,按总量给予一定的折扣。二是非累计数量折扣,按照顾客一次购买达到一定数量或购买多种产品达到一定金额时所给予的价格折扣。

(3)功能折扣。功能折扣是生产企业给予愿意为其执行推销、储存、服务等营销职能的中间商的额外折扣。

(4)季节折扣。生产季节性产品的企业或农民对销售淡季来采购的买主,给以折扣优惠;零售企业对那些购买过季商品或服务的顾客给予一定的折扣。

3. 差别定价策略

农产品生产者还可以根据产品形式、顾客、销售地点的不同,把同一种农产品定为不同的价格。实践中主要差别定价方式有:

(1)顾客差别定价。农产品生产者将同一种农产品按照不同的价格卖给不同的顾客。

一般来说,顾客的差别主要体现在其收入水平上。如对收入水平较高的大中城市和经济发达地区的消费者制定较高的价格,而对收入水平较低的中小城镇和经济欠发达地区的消费者制定较低的价格,这种定价方式比较适合于名、新、特、优的农产品。

(2)产品形式差别定价。农产品生产者根据产品的外观不同、包装不同,对质量、成本相近的产品,可以制定不同的价格。在传统的生产经营中,农产品生产者不太注重通过对产品进行分级、分类、包装使农产品增值,使农产品出售时丧失获得较高的附加利润的可能。在现代商品生产实践中,农产品生产者要增强这方面的意识,从产品的生产过程做起,尽量拉大产品的利润空间。对农产品的分组分类主要从外在品质来认定,这是农产品营销中区别于工业品营销的一个重要特点。

(3)销售时间差别定价。销售时间差别定价指农产品生产者对不同季节、不同时期出售的同一种产品,分别制定不同的价格。这种策略比较适合于鲜活农产品。生产者在种植反季节农产品的时候,由于投入较高,因此,决策时要注意把握市场需求动态,选择好种植种类和品种,若随意跟风,一拥而上,你的产品差异优势就不再存在。

(4)销售地点差别定价。农产品生产者每个地点供货的成本相同,但是可以根据产品销售地点的不同,分别制定不同的价格。

4. 地区定价策略

(1)消费者承担运费定价。由消费者承担产品由产地到消费者购买产品地区的运输费用。产品的销售价格是在产品生产成本、适当利润的基础上加上产品运输费用,将总费用分摊到销售的每一单位产品上来获得。

(2)统一交货定价。统一交货定价也叫邮资定价,企业对于卖给不同地区顾客的同种产品不问路途远近,一律实行统一送货,货款均按照相同的运费定价;对任何一个子市场都实行相同的价格。

(3)分区定价。分区定价就是企业把一个地区分为若干价格区,分别制定不同的地区价格,距离企业较远的地区价格较高。

(4)基点定价。基点定价是企业选择某些城市为基点,然后按照一定的厂价加上从基点城市到顾客所在地的运费来定价。卖方不负担保险费。

(5)运费免收定价。企业对于不同地区的顾客都不收取运费,以此吸引顾客,加深市场渗透。利用这种方式定价,使产品销售价格低于竞争对手,在竞争中具有一定的价格优势,有利于产品打开市场。如果产品销量加大,销量的增加将使产品平均成本降低,这可以弥补运输费用的支出,也是有利可图的。这种定价方式常被用于市场竞争激烈的情况下,对农产品生产者也是适用的。为使农产品进入新的市场,短期内,可以不考虑利润的多少,主要考虑提高产品的市场占有率,确定低廉的销售价格,以在新的市场上站稳脚跟。

三、充分利用农产品价格

农产品生产者和经营者处于一个不断变化的环境中,为了生存和发展,有时候需要主动调整价格,有时候需要对价格的变动做出适当的反应。

(一)农产品生产者降低价格

在下列情况下,农产品生产者可以采取降价的策略。

1. 生产能力过剩

农产品与工业品不同的显著特点之一是产品的生产周期较长,部分产品生产过程中受自然条件影响较大。当温度、光照、降水等自然条件适宜,风调雨顺,病虫害较少,种植业农产品易获得丰收。但是,由于农产品大多是需求相对稳定的产品,产品生产过剩,而消费者不会增加太多购买量。同时,农产品生产周期较长,短时间内不能进行产品改进,由此出现季节性农产品生产能力过剩。这时,农产品生产者应考虑降低产品价格,促进产品的销售。

2. 市场竞争压力强大

在激烈的市场竞争中,生产同类农产品的生产者越来越多,随着市场的开放,国际市场的农产品进入国内市场的数量越来越多,农产品的新、奇、优特点差异空间在逐渐变小,为了巩固产品原有的市场,农产品生产者可以考虑采取降低价格的策略,维持产品的市场占有率。

3. 自身成本费用比竞争对手低

当农产品企业不断发展壮大,达到一定规模,具有一定的品牌效应时,消费者对产品的信任度较高,产品深受消费者欢迎,产品的销量达到一定水平,平均成本降低时,可以通过降价进一步提高市场占有率,将实力较为弱小的生产者挤出市场。

我国由于耕地限制和传统生产习惯制约,农产品的生产规模较小,具有较强国际竞争实力的农产品经营企业几乎还没有,导致农产品生产者实施降价策略的原因主要是季节性的生产能力过剩和市场竞争的压力,而且,许多农产品生产者是被动降价。

(二)农产品生产者提高价格

在下列情况下,产品生产者可以采取提价的策略。

1. 生产成本上升

农产品的生产成本上升主要体现在:农业生产资料涨价,如种子、农药、化肥等;生产原料涨价,如饲料。生产资料和原料的涨价使生产者为保持原有利润,可以提高产品的销售价格。

2. 产品供不应求

产品供不应求,不能满足所有顾客的需要。在这种情况下,农产品生产者可以采取提价策略。农产品生产者在运用提升价格的策略中可运用一些技巧,较为隐蔽地提高价格。如对于一些罐装的果汁、饮料、鲜奶，可以适当减小容量，包装不变，但消费者不易察觉；适当提高产品中高档产品的价格，通过高档产品弥补成本。如果公开提价，则要通过宣传，说明提价的原因，做好顾客说服、沟通工作，减少消费者的抱怨情绪。

（三）充分利用农产品价格变动，采取积极应对措施

虽然农产品生产者对产品价格的调整大部分属于被动调价，但是，无论是主动调价还是被动调价，对于产品市场价格的变化，农产品生产者不能仅仅是被动应付，在价格战中要采取各种措施积极应对。

1. 努力寻找新的市场

我国地域辽阔，农产品的生产受自然条件限制，区域差别较大，在某一地区市场上供过于求，在其他地区则不一定。此时，农产品生产者应将重点放在扩大消费者数量上，努力寻找需求还没有得到满足的消费者。

2. 加强农产品宣传

不降低产品价格，维持原价，加强产品质量宣传，通过与顾客进行交流，如开展样品展销会，努力使买主感受到自己的产品优于降价的其他同类产品生产者的产品，使消费者坚持"一分钱，一分货"的信念。这种策略比较适用于质量较优的农产品。

3. 降低价格

在市场价格能够弥补成本的情况下，农产品生产者为保持竞争中的价格优势，使自己的市场份额不被竞争对手抢走，也可以采取降价策略。

4. 提高产品质量

目前农产品市场竞争中，价格变化快、竞争激烈、供过于求的产品主要是一些质量一般、不符合消费者需求升级后需要的普通产品，而市场上一些新、特、优的农产品仍然卖价较高，生产者获取的利润也较大。因此，从长期来看，农产品生产者要从非价格策略着手，根据市场需求和地方自然条件，生产符合消费者需求的产品，抓好产品质量和分级分类工作，使产品进入市场后，竞争环境相对宽松，从而减轻价格波动。

5. 促进产品加工升级

目前农产品仅仅做到专业化生产，产后的分类、分级还只是简单的粗加工，利润增加不大。生产者应努力开发农产品的深加工、精加工。加工后的农产品，卖价的提高远远大于成本的增加，能够给农产品生产者带来较高的利润附加值，竞争对手也相对较少。我国现在农产品加工环节还比较薄弱，而随着人们消费水平的提高，对农产品加工食品的需求也会不断增长，推动农产品生产的加工升级将是一个良好的市场机会。

6. 加强销售渠道建设

人们经常提到农产品"卖难"问题，农产品生产者也对农产品"卖难"问题感到十分头疼。但是，农产品生产者往往是在农产品生产出来后，发现市场供大于求，价格下降，才急于为产

品寻找出路。作为现代商品经营环境下的农产品生产者,从准备进入该农产品的生产经营领域起,就要注重销售渠道的建设,重视中间商的选择和激励,努力与中间商保持长期稳定的销售关系。这样,当市场价格出现变化时,产品的销售渠道仍能保持通畅,使自身在价格竞争中占据优势地位。

第四节　大力发展农业物流

一、认识农业物流

(一)农业物流的作用

1. 发展农业物流有利于发挥农业在国民经济中的基础作用

从入世后的形势分析,国内主要农产品的生产价格大都高出国际市场价格,基本丧失了商业竞争优势。我国如果组织进口高质量低价格的农产品,会对一些大宗农产品主产区及其农民产生不利影响,农民卖粮难的现象将日益加剧,解决农村社会经济矛盾的难度必将逐步加大;而如果勉强坚持收购国内低质高价农产品,城市居民的消费矛盾必然突出,国家财政也吃不消。可见,随着农村市场的对外开放以及农业国际化进程的加快,中国农业传统的生产、经营方式和技术导致的物流不畅、成本过高、农产品质量低劣等落后现状必须改变。而改变这种现状的应急措施和长远战略,就是提高农业生产率和建立科学的农业物流体系。

2. 建立现代农业物流体系是建设和完善高效农业社会化服务体系的客观要求

我国农业生产粗放,劳动生产率低下,专业化水平不高,优质产品少,市场化程度不够,农业结构性矛盾突出。其原因是中国农业缺乏高效的服务体系。只有通过物流体系的确立,健全农业服务体系,才能果断地调整产业结构,实行产业化经营。

3. 建立现代农业物流体系是促进农民重视农业管理和成本核算的驱动力

我国广大农村一直是"重生产,轻核算"。农民为能获取经济效益,往往只重视降低生产成本和销售成本,却忽视了物流中潜在的利润。物流不仅具有在企业生产、供应和产品销售领域提高经济运行效率的价值,同时在降低企业生产成本、增加企业盈利、推动企业经营的价值方面也具有显著的意义。许多国家把物流称为"降低成本的宝库",是"第三个利润的源泉"。随着科技文化素质的提高,农民已经从城市工商业管理中认识到了农业成本核算的重要性,并试图通过发展物流及加强物流管理来推动农产品市场流通和经济繁荣,促进农村经济的发展和农业现代化的实现。

4. 建立现代农业物流可以大大降低和分散农业经营风险

我国加入WTO(世界贸易组织)后,农产品市场竞争加剧,如何使农业减少风险,赢得更多的利润,是农业生产者的棘手问题。此时物流管理在抗御风险方面的作用被广泛关注。例如,种子公司将承担种子发芽不齐的风险,农药公司将承担农药不能发挥作用的风险(在我国可能表现为承担假药的风险),仓储公司将承担鲜活产品的储藏风险,农产品贸易公司将承担市场风险即价格变动的风险等。这样一来就实现了农业生产和农民风险的部分转移。农业物流体系的建立,可以促进农产品生产者与其生产资料的供应商、农产品的加工商和销售商形成战略联盟,使众多农民、农业中小企业形成集约化运作,降低物流成本。

5. 现代农业物流体系的建立可以推动我国农村经济结构调整,促进农村城镇化建设

理论上农业物流体系的创建,在实践中却主要体现为在农村建立物流产业,它属于专门为农业生产服务的农村商品流通企业。由于我国国土面积大,经济发展和物流的关系就显得更为密切,物流产业在我国就显得更加重要。通过建立适应我国农村经济和农业生产的物流体系,或对目前存在于我国农村的相互独立的具有物流特征的企业进行资源重组,将在很大程度上促进支农企业的发展。

(二)农业物流的分类

根据农业物流管理形式的不同,可以将农业物流分为农业供应物流、农业生产物流、农业销售物流。

1. 农业供应物流

农业供应物流,即为保证农业生产不间断地进行,保障农村经济发展,供给和补充农村生产所需生产资料的物流。它主要是指农业生产资料的采购、运输、储存、装卸、搬运。农业生产资料包括种子(种苗、种畜、种禽)、肥料、农药、兽药、饲料、地膜、农机具以及农业生产所需的其他原料、材料、燃料等,也包括电力资源和水利资源。

2. 农业生产物流

农业生产物流,即从动植物和微生物的种养、管理到收获整个过程所形成的物流。它包括三个环节:一是种(植)养(殖)物流,包括整地、播种、育苗、移栽等;二是管理物流,即农作物生长过程中的物流活动,包括除草、用药、施肥、浇水、整枝等,或动物喂养、微生物培养等所形成的物流;三是收获物流,即为了回收生产所得而形成的物流,包括农产品采收、脱粒、晾晒、整理、包装、堆放或动物捕捉等所形成的物流。

3. 农业销售物流

农业销售物流,即农产品的加工和销售行为所产生的一系列物流活动,包括收购、加工、保鲜、包装、运输、储存、配送、销售等环节。与工业品相比,农产品的特点在于:一是易腐性。农业产品一般都是生鲜易腐产品,商品寿命短,保鲜困难。二是笨重性。农产品的单位价值较小,数量品种较多。三是品质差异大。由于对自然条件的可控力不强,农业生产受自然条件影响大,即使按统一标准生产的农业产品质量也会存在一定的差异。四是价格波动大。农产品的价格在一年、一个季节,甚至是一天之内也可能有频繁、大幅度的变动。以上农产品特性给农产品物流管理的储存、运输、包装、装卸、搬运、配送等均增加了难度。

（三）农业物流的基本特征

1. 农业物流涉及面广数量大

农业物流的流体包括农业生产资料和农业的产出物，基本涵盖了种苗、饲料、肥料、地膜等农用物资和农机具，以及种植业、养殖业、畜牧业和林业等，物流节点多，结构复杂。农业在我国国民经济中的重要地位使得与农业息息相关的农用生产资料的产销供需量庞大，仅化肥一项，占世界总消费量的1/3，化肥使用量占世界的首位。目前我国用于生活消费的农产品以鲜食鲜销形式为主，在分散的产销地之间要满足消费在不同时空上的需求，使得我国农业物流面临数量和质量上的巨大挑战；现在我国用于生活消费的农产品商品转化比例相对较低，但是以农产品为原料的轻工、纺织和化工业在我国工业结构中占有重要地位。

2. 农业物流具有独立性和专属性

流体——农业生产资料和农产品的生化特性使得它有别于一般物流的流体，所以农业物流系统及储运条件、技术手段、流通加工和包装方式都具有独立性，而农业物流的设施、设备和运输工具也具有专属性。因此处于起步阶段的中国农业物流所需投入大、发展慢。

3. 保值是中国农业物流发展的核心

中国农业物流的发展水平较低，每年农产品在物流和流通环节的损耗巨大。如何运用物流技术使农产品在物流过程中有效保值，这是当前比农业物流增值更为重要的核心问题。减少农产品物流和流通损失应该放在与农业生产同等重要的地位。

二、建立健全农业物流体系

（一）我国农业物流现代化发展中存在的问题

1. 农业物流能力增长缓慢

目前，我国农业基本上是以家庭为生产单位的小规模生产。单个农户无法适应农产品市场的快速变化，特别是随着农业生产力和农产品市场化程度的提高，农产品市场逐渐走向供大于求的买方市场，而农民获取信息依然是通过相互交流、科技人员的技术推广以及广播和报纸等传统方式。农民与市场之间缺乏有效的沟通机制，多数农户仍然根据以前的市场价格及经验来确定农产品的生产种类和生产规模，这难免与市场需求存在一定的差异。如果市场需求出现较大变化，不仅会影响农产品的销售，而且会造成严重积压和浪费，从而影响农业生产整体的稳定性和农民的积极性。

2. 农业物流基础设施建设存在差距

我国农业物流硬件设施建设取得了一定成效，但与农业现代物流发展的要求相比，投入仍显不足，设施和技术仍有很大差距。

在软件设施方面，新农村商网作为我国第一个农业电子商务平台为农产品流通提供了很好的服务，产生了显著效益，但其他农业网站多数信息重复采集，缺乏科学管理与维护。

一些链接甚至无法打开,电子商务形同虚设,信息的滞后与失真以及信息资源不能共享等都是比较突出的问题。有些地区政府积极建设内部网站,却没有考虑如何为农民及时提供所需信息。信息渠道和网络平台的严重缺乏致使许多有关农村、农业、农民的有效信息严重滞后或匮乏,无法发挥作用。

3. 农业物流水平不适应电子商务发展的要求

我国农业生产者和经营者数量众多且分布广泛,农民进入市场组织化程度低,流通渠道长,交易手段落后,倾向于自营物流方式。农业流通企业虽然在数量上有了很大增长,但大多数规模较小,自有资金不多,以提供传统运输和仓库储存业务为主,物流设施的利用不够充分,信息化程度低,物流成本高。在电子商务环境下,农业流通企业的服务观念、质量和功能与市场需求存在较大差距,电子商务的高效、快捷、低成本等特点难以体现。

4. 农业物流的标准化程度低

与世界发达国家相比,我国农业物流标准化程度偏低,各种运输、装卸设备标准不能有效衔接,各种运输方式之间装备标准不统一,多式联运迟迟得不到较快发展;物流包装标准与设施标准之间没有协调;代表物流现代化程度的信息化标准严重滞后,制约着农业现代物流的发展。

5. 缺乏发展农业现代物流所需的管理人才

农业现代物流是一个涉及多学科、多领域的行业,具有知识密集、技术密集和资本密集等特点,涉及计算机和网络技术,对操作人员的知识水平、操作技能要求较高。我国高校开设的物流专业,比较偏重于工业物流人才的培养,虽然有许多农业类的高校,但精通现代农业物流的人才仍然相当匮乏,特别是既掌握现代物流知识、信息技术,又具备农业经营管理知识综合素质的现代农业物流人才更显缺少。

(二)建立健全农业物流体系

1. 政府大力支持与多渠道开发并举

政府要采取措施,加强农业现代物流所需的基础设施建设,根据各地的自然条件和经济状况,在财政投入上向基础设施建设倾斜,通过各种方式推进农业现代物流的发展;要通过政策引导,对投资农业现代物流建设的企业提供具有吸引力的优惠措施,吸引有实力的企业参与农业现代物流建设,形成多元化农业现代物流建设体系;要通过调整税收政策,充分利用资本市场,促进农业现代物流的发展,鼓励有实力的农业物流企业对小企业进行收购、兼并和资产重组,把物流企业做大做强。

2. 加强农业物流基础设施平台建设

农业物流基础设施平台由市场、交通、运输、仓储、库存、装卸、搬运、包装、加工和配送等基础设施设备的硬件构成。它是支撑现代农业物流活动高效、稳定运行及其经济快速发展的基本平台。近年来,河北省与农业物流相关的公路、铁路运输得到了较快发展。除整车运输外,集装箱运输、大型货物运输、特种车运输都得到了较快发展。运输装备得到改善,路况变好、路程缩短,有利于鲜活农产品减少运输损耗,降低农业物流成本。但在现代化仓储设施、专业化农业运输工具、物流机械化设施和交通设施等方面仍需进一步建设和完善。

3. 加快农业物流网络信息平台建设

农业物流网络信息平台以现代软件工程为基础,提取与涉农领域有关的信息,结合信息基础设施与公共应用支持,为农业物流企业及客户提供数据共享服务。农业物流网络信息平台不同于一般涉农企业的物流信息系统。它以整合涉农领域内固有资源为基础,通过行业资源共享,发挥领域内的整体优势,为企业物流信息系统提供涉农基础信息服务,支持农业供应链管理过程中各环节的信息交换,以真正实现物流企业间、企业与客户之间涉农物流信息和涉农物流功能的共享,推动农业专业化生产、集约化加工、企业化管理、一体化经营以及社会化服务。

4. 加快物流技术支撑平台建设

物流技术支撑平台由运输技术、仓储技术、包装技术、信息技术等物流技术创新体系构成。它是实现和完善现代农业物流功能的手段。目前我国研发和应用农业物流技术的能力较弱。应坚持自主创新与引进开发相结合,研发物流车辆与运输管理技术,大力开发罐装车、冷冻车等专用车辆,推动货车大型化、专用化和集装化;推行 GPS 车辆跟踪定位系统、CVPS 车辆运行线路安排系统,实施车辆计时监控,促使运输管理自动化、科学化。研制开发仓储设备和库存管理技术,大力推广高层自动化货架系统和仓储管理电子信息技术。创新搬运装卸技术装备,采用各式叉车,推广单元化装载。加强包装材料、包装设备和包装方法的研究。着力推行 EDI 电子数据交换技术,运用电脑进行订货管理、库存控制配送中心管理、运输车辆及运行管理,提高信息反馈速度,增强物流供应链的透明度和控制力。

5. 大力发展农业第三方物流

发展专业化的第三方物流企业有利于农业发展,能够降低流通成本,提高农产品的附加值和使用价值,增强农业竞争力。大力发展农业第三方物流需做到以下几点:一是尽快培养和发展一批专门为农业生产全程提供物流服务的社会化的第三方企业和组织,使之成为农业现代物流发展的示范者和中小物流企业资源的整合者。第三方物流企业在发展初期可以通过让利或免费体验服务等方式,让农业生产者和经营者增强对第三方物流企业的信心。同时,应根据不同客户的要求,有针对性地设计相应的物流解决方案,在降低客户物流成本的基础上开发市场潜力,促进农产品增值效益最大化。二是鼓励农业产业化龙头企业之间、龙头企业与商业、运输、仓储企业间的联合,着力打造一批优势农业物流企业。三是推进传统储运企业、粮食系统企业、供销系统企业、农业系统、农资经销单位向第三方农业物流转变,并积极吸引国外优秀的物流企业加盟,壮大农业第三方物流的规模和实力。

6. 推进农业物流标准化建设

成立全国性的农业物流标准化管理组织,尽快消除物流标准化工作的体制性障碍,加快物流系统、物流环节间的标准组织协调工作。加强物流标准化体系的研究，明确标准化的发展方向和主攻方向，系统规划物流标准化工作，避免计划的盲目性、重复劳动和遗漏。从我国实际出发，积极借鉴国外先进物流标准，制定国内农业物流标准，加快我国与国际物流标准的协调统一，并大力推进与国际接轨的农业物流设施和装备的标准化建设，加强对农业物流标准的实施贯彻和监督管理工作。

三、展望农业物流发展的趋势

1. 第三方物流服务方兴未艾

在全球化经济的发展下，企业为了增强竞争力要大力发展核心业务，企业分工趋于专门化，这将促进第三方物流企业的发展。第三方物流的发展将有利于物流的专业化、规模化、合理化，从而提高物流系统的效率和降低物流成本。发展第三方物流的途径是：通过鼓励合资、合作、兼并等整合措施，扩大现有第三方物流企业的经营规模；通过建立现代物流行业规范，促使小规模物流企业转型；通过修订和完善各种法规和政府行为，打破现有的各种市场条块分割的制约，促进第三方物流企业跨地区、跨行业发展；以提高服务质量、降低物流成本为核心，推动物流企业的管理和技术创新。要使第三方物流企业能够提供优于第一方和第二方物流的服务，同时要鼓励生产企业和流通企业更多地使用第三方物流。只有这样，农村第三方物流才能得到快速发展。

2. 物流行业将在未来几年之内，进一步进行资源重组，提高行业的整体水平

物流作为一种新兴行业，国内很多人对物流的概念理解不透彻，导致物流公司在国内遍地开花，一张桌子、一部电话就能成立一家物流公司。随着物流概念的深入，物流起到节约成本的作用更为迫切的时候，需要对行业进行重组、整合，走行业正规化道路，使行业优势更为突出。因此，在未来几年，物流行业资源重组是行业发展的大势所趋，也是行业从发展到成熟的必然经历。

3. 信息技术是提升物流作业水平最重要的工具

物流信息系统的广泛应用，可以辅助物流作业，提高物流作业的准确性和生产率；改进业务流程，快速响应市场变化；提供更多的信息，提高客户满意度；促进物流信息合理流动，提高整个供应链系统的合理化水平和社会效益；通过知识挖掘和辅助决策，提高管理决策水平等。总之，物流信息系统可以从多方面为管理服务，提高组织管理水平，提升组织的核心竞争力；信息技术在物流系统中的应用降低了物流成本，提高了物流系统的运作速度、效率和效益，提升了物流系统的服务质量及服务水平，为物流系统的创新与变革提供基础支撑与推动力，成为提高物流系统生产率和竞争能力的主要来源。

4. 物流会成为国家新的经济增长点

我国经济发展带来一个巨大的潜在物流市场，物流是第三利润源泉，现代物流产业是拉动经济增长的力量源泉，对我国国民经济增长产生新的拉动与支持作用，对我国相关产业发

展起到促进和协调作用,对解决我国经济发展中的难点问题起到关键性作用。目前,我国巨大的经济总量已经产生巨大的货物流量,同时也带来一个巨大的潜在物流市场。

物流与第一产业农业相结合,便成为农业物流业,我国加入世贸组织后,我国粮食生产比较优势降低,但围绕粮食生产、购销、运输、仓储、加工、配送的粮食物流、农业物流、支农物流却是一个大有前景的服务性产业,有利于新农村建设,解决三农问题。我国物流产业正在迅速兴起,我国物流市场正在加速形成,从整体上来说,这有利于现代物流业成为中国经济发展的重要产业和新的经济增长点。

5. 绿色物流将成为新的增长点

物流虽然促进了经济的发展,但是在物流发展的同时也会给城市环境带来负面的影响。为此,21世纪对物流提出了新的要求,即绿色物流。

绿色物流主要包含两个方面:一是对物流系统污染进行控制,即在物流系统和物流活动的规划与决策中尽量采用对环境污染小的方案,如采用排污量小的货车车型、近距离配送、夜间运货(以减少交通阻塞、节省燃料和降低排放)等。二是发达国家政府倡导绿色物流的对策是在污染发生源、交通量、交通流等三个方面制定了相关政策。绿色物流的另一方面就是建立工业和生活废料处理的物流系统。

第四章 农业资源管理

农业资源对人们的生活有着重要的影响,因此我们应该加强农业资源的管理,基于此本章将对农业资源管理展开讲述。

第一节 农业自然资源管理

一、农业自然资源的开发利用

(一)农业自然资源开发利用的内涵与原则

1. 农业自然资源开发利用的含义

农业自然资源的开发利用是指对各种农业自然资源进行合理开发、利用、保护、治理和管理,以达到最大综合利用效果的行为活动。农业自然资源是形成农产品和农业生产力的基本组成部分,也是发展农业生产、创造社会财富的要素和源泉。因此,充分合理地开发和利用农业自然资源,是保护人类生存环境、改善人类生活条件的需要,也是农业扩大再生产最重要的途径,是一个综合性和基础性的农业投入和经营的过程,是一个涉及面非常广泛的系统工程。

2. 农业自然资源开发利用的内容

(1)土地资源的开发利用

土地资源对农业生产有着极其重要的特殊意义,现有大多数农业生产是以土地肥力为基础的,因而土地资源是农业自然资源最重要的组成部分,对土地资源的合理开发利用是农业自然资源开发利用的核心。对土地资源的开发利用包括耕地的开发利用和非耕地的开发利用两个方面。

(2)气候资源的开发利用

气候资源的开发利用指对光、热、水、气四大自然要素为主的气候资源的合理利用。当前的农业生产仍离不开对气候条件的依赖,特别是在农业投入低下、土地等其他资源相对短缺的条件下,更应该充分利用太阳能,培育优良新品种、改革耕作制度,提高种植业对光能的利用效率,加强对气候资源的充分合理利用。

（3）水资源的开发利用

水资源主要包括地表水和地下水等淡水资源，是农业生产中的重要因素，尤其是各种生物资源生存生长的必备条件。对水资源进行合理的开发利用，关键是要开源节流，协调需水量与供水量，估算不同时期、不同区域的需水量、缺水量和缺水程度，安排好灌排规划及组织实施。

（4）生物资源的开发利用

生物资源包括森林、草原、野生动植物和各种物种资源等，是大多数农产品的直接来源，也是农业生产的主要手段和目标。对生物资源的开发利用，应该在合理利用现存储量的同时，注意加强保护，使生物资源能够较快地增殖、繁衍，以保证增加储量，实现永续利用。

3. 农业自然资源开发利用的原则

在农业自然资源的开发利用过程中应遵循以下原则：

（1）经济效益、社会效益和生态效益相结合的原则

农业自然资源被开发利用的过程，也是整个经济系统、社会系统和生态系统相结合的过程。因此在开发利用农业自然资源的过程中，既要注重比较直观的经济效益，更要考虑社会效益和生态效益，协调三者之间的关系，从而做到当前利益与长远利益相结合、局部利益和整体利益相结合。

（2）合理开发、充分利用与保护相结合的原则

合理开发、充分利用农业自然资源是为了发展农业生产，保护农业自然资源是为了更好地利用和永续利用，两者之间并没有根本的对立。在人类对自然界中的各种资源开发利用的过程中，必须遵循客观规律，各种农业自然资源的开发利用都有一个量的问题，超过一定的量度就会破坏自然资源利用与再生增殖及补给之间的平衡关系，从而破坏生态平衡，造成环境恶化。如对森林的乱砍滥伐、草原超载放牧、水面过度捕捞等，都会使农业自然资源遭到破坏，资源量锐减，资源短缺乃至枯竭导致生态平衡的失调，引起自然灾害增加，农业生产系统产出量下降。因此，在开发利用农业自然资源的同时，要注重对农业自然资源的保护，用养结合。

（3）合理投入和适度、节约利用的原则

对农业自然资源的合理投入和适度、节约利用，是生态平衡及生态系统进化的客观要求。整个农业自然资源是一个大的生态系统，各种资源本身及其相互之间都有一定的结构，保持着物质循环和能量转换的生态平衡。要保持农业自然资源的合理结构，就要使各种资源的构成及其比例适当，确定资源投入和输出的最适量及资源更新临界点的数量界限，保证自然资源生态系统的平衡和良性进化。

（4）多目标开发、综合利用的原则

这是由农业自然资源自身的特性所决定的，也是现代农业生产中开发利用自然资源的必然途径。现代化农业生产水平的高度发达，使得农业自然资源的多目标开发、综合利用在

技术上具有可行性。为此要进行全面、合理的规划，从国民经济总体利益出发，依法有计划、有组织地进行多目标开发与综合利用，坚决杜绝滥采、滥捕、滥伐，以期获得最大的经济效益、社会效益和生态效益。

（5）因地制宜的原则

因地制宜就是根据不同地区农业自然资源的性质和特点，即农业自然资源的生态特性和地域特征，结合社会经济条件评价其对农业生产的有利因素和不利因素，分析研究其利用方向，发挥地区优势，扬长避短、趋利避害，把丰富多样的农业自然资源转换成为现实生产力，促进经济发展。

（二）农业自然资源的开发利用现状

我国的农业自然资源在世界上的地位具有明显的二重性，即在农业自然资源的总量上是资源大国，在人均上是资源小国。人均资源占有量少是我国农业自然资源的一大劣势，特别是关系国计民生的人均耕地量过少和淡水资源量供应不足，成为制约我国经济发展的两个资源限制因素。

我国农业自然资源的总体特征可以概括为以下几个方面：一是资源总量大，人均占有量少；二是优质资源比重较小，劣质资源比重较大；三是资源种类齐全，组成结构良好；四是各种资源的空间分布不均，水资源南多北少，生物资源丰度由东南到西北逐渐降低。我国农业自然资源的这种总体特征，必然会影响到对农业自然资源的开发利用。作为传统的农业大国，我国对农业自然资源的开发利用取得了很大成就，同时也存在着很多问题。

1. 我国土地资源的特点及开发利用中存在的问题

（1）我国土地资源的特点

1）我国土地面积辽阔，农用土地资源丰富，但人均占有量较少。据统计，我国现有土地资源类型有2700种左右，各种土地资源的适宜性与生产潜力各不相同，为农业生产的多种经营、全面发展提供了有利条件。其中：耕地面积占全世界的7%，居世界第四位；天然与人工草地面积居世界第二位；林地面积居世界第五位。但是，我国人均耕地面积不足0.0927公顷，不及世界人均水平的40%；人均天然草地0.346公顷，不到世界人均水平0.752公顷的1/2；人均占有林地不足0.12公顷，仅为世界人均水平0.759公顷的不到1/6。因此，我国的人均土地资源占有量相对稀缺。

2）我国土地类型复杂多样，山地多、平地少，耕地资源有限。我国的地形自然条件复杂，包括了地带性和非地带性的种种变化，导致了错综复杂的土地资源地域差异。其中，山地、丘陵、高原的总面积占全国土地面积的69%，我国在世界上领土比较大的国家中，是山地在总土地面积中所占比重最大的国家。山地的落差起伏大、坡度陡、土层薄，耕地少而分散，开发利用不便，而且气温低、作物生长周期短，利用不当极易引起水土流失和环境破坏，在土地资源的利用上受到很大限制。耕地在我国土地资源中所占比重较小，目前我国实际耕地面积约为18.27亿亩，仅占国土总面积的12.71%。

3）我国的土地资源分布不平衡，土地生产力的区域差异显著。我国土地资源的水、热、肥等因素组合和土地生产能力在各地区之间有很大差异，总体上可以将全国土地分为三大自然区域，即东部季风区、西北干旱区和青藏高寒区。东部季风区是我国的主要农业区，土地自然生产力高，集中了全国93%的耕地，也是畜牧业比重较大的区域。在这一区域中，土地生产力的区域差异也比较大。其中秦岭—淮河以南暖湿地区集中了全国93%的水田，水热条件优越、土壤肥沃，土地生产力较高；85%的旱田分布在秦岭—淮河以北，这些地方光照充足、热量多，但雨水较为稀缺，限制了农业土地生产力。西北干旱区和青藏高寒区合计占全国总面积的52%，而耕地只占全国的7%，天然草场面积较大，但受干旱或低温限制，土地生产力低下，载畜量和畜产品产量均不高。

4）我国土地资源质量不高，难利用土地面积偏大，耕地后备资源不足。我国土地资源总体质量不高，其中有相当一部分是难以开发利用的，其中包括沙漠0.6亿公顷，戈壁0.56亿公顷，海拔3000米以上的高寒地区约2.48亿公顷，合计约占全国土地面积的36.3%，再加上城镇工矿和交通用地约占国土面积的7%，剩余可供农业生产开发利用的土地资源非常有限。

（2）我国土地资源开发利用中存在的问题

1）城乡建设占用耕地较多，土地资源浪费现象严重。随着我国经济和社会的发展、人口的急剧增加，住房、交通、工业设施和其他建设占用了大量耕地。目前全国每年有近50万公顷耕地被三项建设（国家建设、城镇建设和农民建房）占用，这些耕地有相当一部分是优质农田，严重影响了农业生产的发展。

2）土地开发利用过度，生态环境恶化，土壤质量下降。我国人均土地资源量少，为满足农业生产的需要，对土地进行掠夺式经营，造成土地生态环境的恶化。一方面，土地的过度开发，导致水土流失现象严重。我国是世界上水土流失最严重的国家之一，水土流失面积约占陆地国土面积的1/5，造成了对土地资源的严重破坏，土壤肥力及含水量降低，旱涝灾害加剧。另一方面，土壤理化性质变坏，地力下降。由于我国耕地的复种指数高，化肥、农膜、农药用量高，农家肥、绿肥用量减少，导致土地有机质含量显著下降，加之在耕作过程中忽视对土地和生态环境的保护，导致土地退化现象严重，土壤质量下降。

3）农牧林用地比例失调，土地利用效率较低。我国土地资源的总体利用率不高，农林牧用地占全国土地总面积的65.83%，而印度为75%，美国为77%，日本、欧盟都超过80%。在土地利用效率方面，我国有2/3左右的耕地为中低产田，农业土地单位面积产量仍有提高的潜力，特别是我国现有草场的牧草物质转化率仅为1%~2%，而牧业发达国家达16%。另外，我国非农业建设用地使用效率也比较低，全国工业项目用地容积率仅为0.3~0.6，而发达国家（或地区）一般都在1以上。非农业建设用地中闲置、低效土地随处可见，目前全国人均城镇建设用地已达133平方米，人均农村居民点用地达到214平方米，均已远远超过国家规定人均100平方米的标准。

4）土地污染现象日益加剧。随着我国工业化水平的提高，特别是乡镇工业的发展，"废水、废气、固体废弃物"等工业"三废"排放量日益增多,加上农业生产过程中化学肥料、化学杀虫剂、化学除草剂、农膜等的大量使用,导致我国土壤中有毒物质的含量剧增,造成了严重的土壤污染。这破坏了土壤结构,造成土地肥力下降、生产力降低,有的地区甚至被迫弃耕、撂荒,使耕地面积不断减少。

2. 我国气候资源的特点及开发利用中存在的问题

（1）我国农业气候资源的特点

1）气候资源南北、东西差异大。我国幅员辽阔,国土面积的地理跨度较大。其中：南北相距约5500千米,巨大的纬度差异使我国农业资源从南到北质量变差、数量减少；东西相距约5000千米,东部为沿海,西部为内陆,且地势西高东低,导致水分和热量资源由东向西减少,光资源从东到西增加。

2）区域气候资源多样化。我国的地势地形复杂多样,且不同地区之间海拔高度差异较大,导致各地气候差别很大,农业气候资源区域多样化特征很明显。

3）气候季节性变化显著。季节性变化大是农业气候资源的主要特点,在我国尤为明显。我国主要的农业生产区域多属于亚热带季风气候或温带季风气候,气候条件受季风进退的影响非常明显,导致我国的农业气候资源具有明显的季节性,且年内变化幅度很大。

（2）我国气候资源开发利用中存在的问题

1）农业中除种植业外的其他部门,如林、牧、渔等行业对气候资源的利用很不充分,表现出农业内部对气候资源利用的不平衡性。在种植业内部,对农业气候资源的分析和研究,也主要强调对光、热资源的开发利用,而对其他气候资源因素有所忽视,表明对农业气候资源的开发利用不够全面。

2）在气候资源开发利用过程中,许多地区未遵循气候规律合理布局农业生产,农业生产措施方面违背气候规律的现象比较普遍。一些地区在土地利用和农业发展规划上,未能科学地分析当地农业气候资源的特征,充分发挥本地区农业气候资源的优势。

3）在农业气候资源的综合开发方面,比较注重经济效益和社会效益,对维护和改善农业气候资源重视不够,特别是对于农业气候资源的综合开发对生态系统平衡的影响以及这种影响是否会导致气候环境恶化、气候资源衰退等问题缺乏科学的分析和认真的研究,对气候影响生态环境的问题也不够重视。

4）防御气候灾害方面的工作比较薄弱,防御气候灾害的能力还比较低,而且在防御气候灾害方面比较重视工程措施,对生物措施和农艺措施抗灾保产方面的作用及研究重视不够,对用改善生态的方法来防御和化解气候灾害方面还缺乏系统的研究和长期的规划。

3. 我国水资源的特点及开发利用中存在的问题

（1）我国水资源的特点

1）水资源总量多,但人均和单位水资源占用量少。我国包括陆地多年平均降水总量、河川年平均径流量和地下水资源量在内的淡水资源总量约为 $2.8 \times 10^{12} m^3$,居世界第6位。但由于我国人口众多,人均年水资源占有量仅为2545m³,只相当于世界人均水平的1/4,美国的1/5,加拿大的1/50,居世界第88位,可见我国属于严重贫水国家。

2)水资源时间分布不平衡,年内和年际变化大,旱涝灾害频繁。我国的降水受季风影响较大,降水量和径流量在一年内分配不均,且年际变化很大。我国大部分地区春冬季节干旱少雨,夏季湿润多雨,每年汛期的降水量和径流量占全年的60%~80%,水资源年内分布的不平衡易形成江河的汛期洪水和严重枯水。同时,降水量的年际剧烈变化,易造成江河湖泊的特大洪水和连年缺水的现象。降水量和径流量在时间上的剧烈变化,给水资源的开发利用带来极大困难,造成枯水期无水可用,丰水期有水难用、大量流失,使我国实际可用的水资源数量远远低于全国陆地水资源总量。水资源时间分布的不平衡还导致我国旱涝灾害交替频繁发生。据统计,新中国成立以来我国平均每三年就发生一次较为严重的水旱灾害,全国平均每年受到水旱灾害的耕地面积约为2670万公顷,成灾约1070万公顷。

3)水资源的空间分布不均匀,水土资源组合不平衡。受地理环境和气候的影响,我国水资源的空间分布也很不均匀,整体分布情况是南方多、北方少,东部多、西部少,地区之间相差悬殊。其中:长江流域及其以南水系的流域面积只占全国国土面积的36.5%,人口约占全国的55%,但其水资源却占全国水资源的81%;长江以北水系的流域面积占全国国土面积的63.5%,人口约占全国的45%,其水资源量却只占全国的19%;尤其是西北内陆地区,区域面积占全国国土面积的35.3%,其水资源量仅占全国的4.6%。水资源空间分布的严重失衡,不仅加剧了我国水资源供需的矛盾,还导致我国北方地区干旱频发、土地易沙漠化,而南方地区则易形成洪涝灾害。

(2)我国水资源开发利用中存在的问题

1)在水资源开发方面,我国存在着水资源开发过度的问题。近年来,我国一些地区为满足不断增长的水资源需求,加大了水资源的开发力度,导致我国尤其是北方江河普遍存在开发过度的问题。北方地区重要河流中,黄河、辽河、淮河地表水资源利用率大大超过了国际上公认的40%的河流开发利用率的上限,特别是淮河的水资源开发利用率接近90%。

2)在水资源利用方面,我国水资源浪费现象严重。农业、工业及城市是我国水资源的主要用户,而这三大用户都普遍存在着用水浪费的现象。我国农业用水量占总用水量的73.4%,加上农村生活用水则占到81.7%,而我国农业长期采取粗放式灌溉生产,水资源利用率很低。据统计,我国农业灌溉的水资源利用系数大概只有0.4%,而世界上许多国家已经达到0.7%~0.8%。工业用水方面,我国每万元工业产值用水量为103立方米,是发达国家的10~20倍。

3)在水资源保护方面,我国水资源污染严重,治理力度远远不够。改革开放以来,我国社会经济迅速发展,工业化和城市化步伐不断加快,在用水量急剧增加的同时,污水排放量也相应增加,主要污染物的排放量大大超出了水环境容量。

4)在水资源利用管理方面,我国农业水资源利用管理不善。目前,我国农业水资源利用的管理体制不健全,法制观念淡薄,农业用水的经营思想陈旧,各种制度不完善,已经不适应当前水资源管理的需要。各级水资源管理机构普遍存在着职责模糊、多头治水、体制不顺、职能不到位、管理水平低下等问题。我国的水利工程"重建轻管"现象普遍存在,许多水利工程建成后,管理机构不明确,人员配备不落实,经费无来源,各项管理措施不配套,导致水利工程损坏现象严重。

目前,《中华人民共和国水法》虽已颁布,但法制仍不够完善,执行不力,仍存在有法不依、执法不严、违法不究、滥用职权以及为谋求部门利益而违法的现象,不能确保法律法规的正确执行,不能用法律的手段管水、用水。

4. 我国生物资源的特点及开发利用中存在的问题

(1) 我国生物资源的特点

1) 我国不仅拥有比较丰富的农、林、牧、渔业生物品种资源,还拥有比较丰富的野生植物资源。我国是世界上栽培作物的重要起源中心之一,还是世界上著名的花卉之母。目前已知拥有高等植物品种达3万多种,居世界第3位,其中我国特有的植物种类17000余种,如银杉、珙桐、银杏、百山祖冷杉、香果树等均为我国特有的珍稀野生植物。在这些生物资源中,药用植物有11000余种,还有大量的作物野生种群及其近缘种,为我国农业提供了丰富的生物资源。

2) 我国森林资源的人均占有量稀少,属森林资源贫乏国家。目前我国森林资源总量约为1.34亿公顷,占全世界总量的3.9%,居第5位;但我国人均森林面积仅为0.12公顷,居世界第119位。我国现有森林资源的分布不均,其中东南、西南、东北地区森林资源较多,而中原、华北、西北地区的森林资源分布少。从森林覆盖率来看,最高的省(区)如东南部的台湾为55.08%、福建为50.60%,而最低的西部省(区)如新疆为0.79%、青海为0.35%,尚不足1%。同时,我国现有森林资源中,原始林少、次生林多,残次林所占比重较大,且森林资源蓄积量低,我国森林每公顷平均蓄积量为83.65立方米,远低于世界平均水平的每公顷蓄积量114立方米。

3) 我国草原面积较大,草场资源丰富,类型多样,但分布不均,草场质量差。我国天然草原面积约为3.93亿公顷,占国土总面积的41.7%左右,是我国现有耕地面积的3倍。但我国人均草原占有量少,仅为世界平均水平的一半,且国内各省区分布不均衡。其中西藏自治区人均占有草原面积最多,人均达30公顷以上;其次是青海省人均占有草地6.91公顷;再次是新疆和内蒙古自治区,人均占有草地分别为2.93公顷和2.84公顷;其他各省人均占有草原都在0.5公顷以下。另外,我国草原单位面积的产草量及质量较低,所能承载牲畜数量比较低,过量放牧所引起的草原退化现象严重。

4) 我国水产资源比较丰富,但人均资源量少,分布不均匀。一方面,我国拥有优越的海洋渔业水域和富饶的水产生物资源,海域总面积达300万平方公里,其中水深在200米以内的大陆架面积为43万平方公里,拥有优良的天然渔场。另一方面,我国还拥有丰富的内陆水产资源,其中流域面积100平方公里以上的河流5000多条,天然湖泊2万多个,可利用水面 566 万公顷，具有良好的内陆水产养殖条件。

（2）我国生物资源开发利用中存在的问题

1）我国生物资源多样性受到严重威胁。随着我国人口的增加和经济的发展，对农业生物资源的消耗日益增长，导致生物资源的更新再生无法正常进行，生态环境质量下降。由于生态环境破坏、滥捕乱伐和环境污染等，我国很多生物物种已经灭绝或处于濒危状态，目前受威胁的物种资源已达总数的 15%~20%，高于全世界 10%~15% 的平均水平。生物物种的濒危乃至灭绝，使我国栽培植物和动物遗传资源面临严重威胁，会导致现有经济物种的种质退化，逐渐丧失利用价值，造成无法估量的后果。

2）我国森林资源保护力度不够，森林资源经营管理粗放。新中国成立以来，由于在一定时期内对森林资源的保护和管理重视不够，我国森林资源遭受几次较大的破坏。与此同时，在一些木材生产省（区），对森林资源经营管理不善，长期过量采伐，导致全国在相当长的时期内，森林蓄积的年消耗量大于年生长量，出现"森林资源赤字"。

3）我国草原载畜量过高，利用管理不当，草原生态系统失衡。我国畜牧业发展不平衡，很多草原地区没有根据适宜载畜量进行放牧，导致草原单位面积上放牧强度过大，引起草原植被的退化。

4）我国水产资源开发利用不合理，过度捕捞现象严重，内陆水产养殖质量不高，水体利用率低。我国海岸线沿岸及近海过量捕捞情况严重，同一捕捞对象往往受多重渔具无休止地开发利用，一些海洋渔业资源已经受到毁灭性的破坏；同时捕捞结构长期失调，部分海域渔业生态失衡，经济效益大大下降。在浅海滩涂水产资源开发方面，养殖种类少、单产低、结构不合理，特别是随着沿海工业的发展，浅海滩涂的生态环境受到严重污染，生态平衡受到严重破坏，严重危害着海水增殖、养殖业的发展。在内陆水域水产资源的开发利用方面，由于缺乏科学的规划和措施，在江河干流建闸筑坝、大面积的围湖造田等，影响了鱼类等生物的正常繁殖，使水产资源量大大下降。

（三）农业自然资源的开发利用管理

农业自然资源的开发利用管理，就是要采用经济、法律、行政及技术手段，对人们开发利用农业自然资源的行为进行指导、调整、控制与监督。

1. 合理开发利用农业自然资源的意义

（1）合理开发和利用农业自然资源是农业现代化的必由之路

农业自然资源是农产品的主要来源和农业生产力的重要组成部分，也是提高农业产量和增加社会财富的重要因素。在社会发展时期，受生产力发展水平的影响，农业自然资源的开发和利用也受到相应的制约。在社会生产力较低时，人们对农业自然资源被动有限地利用，不可能做到合理地开发利用；随着社会生产力的提高，特别是随着现代科学技术的应用，人们已经能够在很大程度上合理地开发利用农业自然资源来发展农业生产，不断提高农业的集约化经营水平和综合生产能力。我国目前面临着农业自然资源供给有限和需求增长的矛盾,而充分挖掘和合理开发利用农业自然资源,提高农业劳动生产效率,创造较高的农业生产水平,是解决这一矛盾的主要手段,也是实现我国农业现代化的必由之路。

(2)合理开发和利用农业自然资源是解决人口增长与人均资源不断减少这一矛盾的途径之一

当前世界各国都不同程度地存在着人均资源日益减少、相对稀缺的问题,我国的这一矛盾更为突出。据我国人口专家的计算,全国农业自然资源的最佳负荷量是7亿人口,而我国当前人口已超过13亿,人口与自然资源的平衡早已被打破,人均资源量处于较低水平,且仍在下降。针对这一问题,除了继续控制人口的增长之外,合理地开发利用农业自然资源,提高农业自然资源的单位产出效率,使有限的农业自然资源得到最大的利用,是解决这一矛盾最有效的途径。在这方面,一些发达国家积累了丰富经验,如日本、以色列等国家在人均自然资源贫乏的条件下,充分利用现代科技,创造了高产高效农业的典范。我国应该学习和借鉴这些经验,充分合理地利用我国的农业自然资源,使上述矛盾得以缓解。

(3)合理开发和利用农业自然资源是保护资源、改善生态环境的客观要求

农业自然资源的开发利用不合理,会导致资源的浪费和衰退。同时,工业"三废"的大量排放和农业生产过程中化肥农药的过量使用以及对农业自然资源的掠夺式开发利用等,都会使生态环境受到严重的污染和破坏,既影响农作物的生长和农业生产的发展,也危及人类和动物的健康。目前,我国以及世界很多国家和地区,自然资源的过度开发和生态环境的恶化都已十分严重,已经危及人类的健康和生存。因此,在农业自然资源的开发利用过程中,不能只看眼前的、局部的利益,而应该做长远的、全面的考虑,把发展农业生产和保护资源、维护生态环境结合起来。只有对农业自然资源加以合理地开发利用,形成农业生产和环境保护的良性循环,才能实现这一目标。

2. 农业自然资源开发利用管理的目标

(1)总体目标

农业自然资源开发利用管理的总体目标是保障国家的持续发展,这一总体目标也规定了农业自然资源开发利用管理的近期目标和长远目标。其中,近期目标是通过合理开发和有效利用各种农业自然资源,满足我国当前的经济和社会发展对农产品的物质需求。长远目标是在开发和利用农业自然资源的同时,保护农业自然资源的生态系统,或者在一定程度上改善这一系统,以保证对农业自然资源的持续利用。

(2)环境目标

自然资源的开发利用是影响环境质量的根本原因,而农业自然资源所包括的土地、气候、水和生物资源是人类赖以生存的自然资源的基本组成要素,因此加强对农业自然资源开发利用的管理,如控制土地资源开发所造成的土地污染、水资源开发中的水环境控制等,就是农业自然资源开发利用管理的环境目标。

（3）防灾、减灾目标

这里的灾害是指对农业生产活动造成严重损失的水灾、旱灾、雪灾等自然灾害。在农业自然资源开发利用过程中，通过加强对自然灾害的预测、监测和防治等方面的管理，可以使自然灾害造成的损失降到最低。对于人类开发利用农业自然资源所可能诱发的灾害，应当在农业自然资源开发利用的项目评价中予以明确，并提出有效的防治措施。

（4）组织目标

国家对农业自然资源开发利用的管理是通过各层次的资源管理行政组织实现的，国家级农业资源管理机构的自身建设和对下级管理机构的有效管理是实现农业自然资源开发利用管理目标的组织保证。同时，保证资源管理职能有效实施的资源管理执法组织的建设和健全也是农业自然资源管理组织目标的重要内容。另外，农业自然资源开发利用管理的组织目标还包括各类农业自然资源管理机构之间的有效协调。

3. 农业自然资源开发利用管理的政策措施

（1）建立合理高效的农业生态系统结构

农业生态系统结构的合理与否直接影响着农业自然资源的利用效率，土地资源、气候资源、水资源以及生物资源能否得到合理的开发利用与农业生态系统结构密切相关。因此，加强农业自然资源开发利用管理的首要任务是要建立起有利于农业自然资源合理配置与高效利用，有利于促进农、林、牧、渔良性循环与协调发展，有利于改善农业生态平衡，有利于提高农业生态系统结构的农业经济效益、社会效益和生态效益。

（2）优化农业自然资源的开发利用方式

为加强农业自然资源的保护，促进其合理开发利用，我国制定了一系列的法律法规，对加强农业自然资源的保护和开发利用管理发挥了积极作用。但是，由于我国长期奉行数量扩张型工业化战略和按行政方式无偿或低价配置农业自然资源的经济体制，我国农业自然资源供给短缺和过度消耗并存的局面十分严峻。因此，优化农业自然资源的开发利用方式，推行循环利用农业自然资源的技术路线和集约型发展方式，改变目前粗放型的农业自然资源开发利用方式，是加强农业自然资源管理、提高资源利用效率的根本途径。具体而言，就是要把节地、节水、节能列为重大国策，制定有利于节约资源的产业政策，刺激经济由资源密集型结构向知识密集型结构转变，逐渐消除变相鼓励资源消耗的经济政策，把资源利用效率作为制订计划、投资决策的重要准则和指标，对关系国计民生的农业自然资源建立特殊的保护制度。

（3）建立完善农业自然资源的产权制度，培育农业自然资源市场体系

农业自然资源是重要的生产要素，树立农业自然资源的资产观念，建立和完善资产管理制度，强化和明确农业自然资源所有权，实现农业自然资源的有偿占有和使用，是改善农业自然资源开发利用和实现可持续发展的保证。在建立和完善农业自然资源产权制度的过程中，要逐步调整行政性农业自然资源配置体系，理顺农业自然资源及其产品价格，培育市场

体系,消除农业自然资源开发利用过度的经济根源,有效抑制乃至消除滥用和浪费资源的不良现象。

(4)建立农业自然资源核算制度,制定农业自然资源开发利用规划

农业自然资源核算是指对农业自然资源的存量、流量以及农业自然资源的财富价值进行科学的计量,将其纳入国民经济核算体系,以正确地计量国民总财富、经济总产值及其增长情况以及农业自然资源的消长对经济发展的影响。通过对农业自然资源进行核算,并根据全国农业自然资源的总量及其在时间和空间上的分布以及各地区的科学技术水平、资源利用的能力和效率,制定合理有效的农业自然资源开发利用规划,实现各地区资源禀赋和开发利用的优势互补、协同发展,获得全局的最大效益。

(5)发展农业自然资源产业,补偿农业自然资源消耗

我国在农业自然资源开发利用方面,普遍存在积累投入过低、补偿不足的问题,导致农业自然资源增殖缓慢,供给不足。为了增加农业自然资源的供给,必须发展从事农业自然资源再生产的行业,逐步建立正常的农业自然资源生产增殖和更新积累的经济补偿机制,并把农业自然资源再生产纳入国民经济发展规划。

二、农业土地资源的利用与管理

土地资源所具有的经济特征及其在农业生产中的重要作用,决定了土地利用不仅是一个技术问题,而且是一个重大的社会经济问题,是农业经济管理的重要课题。为了合理有效地开发利用土地资源,保护土地资源,不断提高土地生产力,必须探讨土地利用的客观规律,加强对土地资源的利用管理。

(一)农业土地资源管理的概念和基本原则

农业土地资源管理是指在一定的环境条件下,综合运用行政、经济、法律、技术方法,为提高土地资源开发利用的生态效益、经济效益和社会效益,维护在社会中占统治地位的土地所有制,调整土地关系,规划和监督土地利用,而进行的计划、组织、协调和控制等一系列综合性活动。

要加强对农业土地资源的管理,实现对土地资源的合理开发利用,必须尊重客观规律,遵循下面的这些基本原则:

1. 因地制宜的原则

这是合理开发利用土地的基本原则,指从各地区的光、热、水、土、生物、劳动力、资金等生产资料的具体条件、农业生产发展的特点和现有基础的实际出发,根据市场和国民经济需要等具体情况,科学合理地安排农业生产布局和农产品的品种结构,以获得最大的经济效益和保持良好的生态环境。我国的土地资源类型多样,地域分布不平衡,各地区的资源条件以及社会、经济、技术条件差别很大,生产力发展水平也有较大差距。因此,对土地资源的利用管理要从各地区的实际情况出发,合理地组织农业生产经营活动。具体而言,就是要选择适

合各地域土地特点的农业生产项目、耕作制度、组织方式和农业技术手段等,进行科学的管理和经营,充分利用自然条件和资源,扬长避短,发挥优势,最大限度地发挥土地资源的生产潜力,提高土地资源的利用率和生产率,从而实现对土地资源的最优化利用。这既是自然规律和经济规律的客观要求,也是实现农业生产和国民经济又快又好发展的有效手段。

2. 经济有效的原则

土地资源的开发利用是一种经济活动,经济活动的内在要求就是要取得最大化的经济效益。在农业生产经营过程中,土地资源的使用具有多样性,因而土地资源的利用效益也具有多样性。在同一区域内,一定面积的土地上可以有多种农业生产方案,每一种生产方案由于生产成本的不同和产品种类、数量、质量以及价格的不同,所取得的经济效益也各不相同。因此,在农业生产经营活动中,要根据各地区的具体情况,选择合理的农业生产项目和生产方案,以期取得最大的经济效益和最佳的土地利用效果。同时,还要随着时间的推移、各种条件的变化对农业生产方案做出适时的调整,不断保持土地资源利用效果的最优化和经济效益的最大化。为此,要从综合效益的角度出发,发掘土地资源的潜力,科学安排土地的利用方式,提高农业土地的生产率,以便在经济上取得实效。

3. 生态效益的原则

这是由人类的长远利益和农业可持续发展的客观要求所决定的。农业生产的对象主要是有生命的动植物,而动植物之所以能够在自然界中生存繁衍,是因为自然界为它们提供了生存发展所必需的能量物质和适宜的环境条件,这些自然条件的变化会引起物种的起源和灭绝。在农业生产中,由于人们往往只顾及眼前利益,为了更多地获取经济效益而破坏生态环境的情况十分常见,致使生态系统失去平衡,各种资源遭到破坏,给人类社会带来了巨大灾难,也使农业生产和经济发展受到严重制约。因此,在农业生产过程中,务必树立维护生态平衡的长远观点和全局观点。对土地资源的利用管理也应该坚持这一原则,力求做到经济效益、社会效益和生态效益的有机统一,使各类土地资源的利用在时间上和空间上与生态平衡的要求相一致,以保障土地资源的可持续利用。

4. 节约用地的原则

这是土地作为一种稀有资源对人们的生产活动提出的客观要求。土地资源是农业生产中不可替代的基本生产资料,也是一种特别珍贵的稀有资源。我国的土地资源总量虽然相对丰富,但人均土地资源占有量却很少,人多地少的矛盾十分突出。与此同时,我国土地资源利用粗放,新增非农用地规模过度扩张,加之我国人口还将继续增长,因此生活用地和经济建设占用农业土地资源的情况不可避免。此外,污染和环境恶化对土地的破坏以及用地结构不合理进一步加剧了土地供需的矛盾。因此,在当前和今后的很长时期内,都必须加强土地资源管理,严格控制对农业用地的占用,所有建设项目都要精打细算地节约用地,合理规划土地资源的使用,使土地资源发挥应有的功能。

5. 有偿使用的原则

土地资源是一种十分稀缺的农业自然资源,也是一种具有价值和使用价值的生产要素。在市场经济条件下,土地资源的利用也应该遵循价值规律,要对土地进行定价和有偿使用,通过"看不见的手"来实现土地资源的优化配置。只有对土地资源实行有偿使用,才能在经济上明确和体现土地的产权关系,促使用地单位珍惜和合理使用土地资源,确保因地制宜、经济有效、生态效益和节约用地上述四项原则的贯彻落实。

（二）提高农业土地利用率的基本途径

1. 保护和扩大农业用地,努力提高土地资源的利用率

土地资源利用率是反映土地利用程度的指标,指一个地区或一个农业单位已利用的土地面积占土地总面积的比例。在不影响水土保持、不破坏生态环境的前提下,应该尽量开发土地资源,提高土地资源的利用率。衡量农业土地资源利用率的主要指标有土地利用率、垦殖指数、复种指数等,其计算公式如下:

土地利用率 = 已开发利用的土地面积 / 国土总面积 × 100%

垦殖指数 = 耕地面积 / 土地总面积 × 100%

复种指数 = 总播种面积 / 耕地面积 × 100%

要提高农业土地资源的利用率,其途径主要有以下几条:

(1) 开垦荒地,扩大耕地面积。在荒地开垦过程中要尊重客观规律,在注意农业生态平衡和讲求经济效益的同时,处理好垦荒与种好原有耕地的关系。

(2) 保护土地,节约用地。保护土地是指要防止乱砍滥伐、毁林开荒、毁草种粮、过度放牧以及粗放式经营等原因造成的水土流失、风沙侵蚀、土地破坏,保持良好的土壤结构和理化性状,保证土壤肥力不断提高,维持农业生态系统的良性循环。

(3) 扩大林地面积,提高森林覆盖率。森林具有调节气候、涵养水源、保持水土、防风固沙等效能,还能够减少空气污染、净化美化环境。目前我国森林覆盖率只有14%左右,处于较低水平,我国农业自然灾害频繁发生与此不无关系。另外,发展林业还可以为国家建设和人民生活提供大量的木材和林副产品,为农业生产提供燃料、肥料、饲料等。

(4) 合理开发利用草地资源。草地资源包括草原、草坡和草山,利用各种草地发展畜牧业,能以较少的投入获得大量畜产品,是经济合理利用土地资源的有效方式。同时,合理开发利用草地资源,做好草地建设,还能调节气候、保水固沙,建立良好的生态系统。

(5) 合理开发利用水域资源。目前我国淡水可养殖面积的利用率约为65%,海水可养殖面积的利用率约为16%,均处于较低水平,还有很大的开发利用潜力。因此,对于水域资源的利用,应该坚持捕捞和养殖相结合的原则,努力提高水域资源的利用率。

2. 实行土地集约化经营,不断提高农业土地资源的生产率

在农业生产发展过程中,对土地的利用有粗放型经营和集约化经营两种模式。其中:粗放型经营是指在技术水平较低的条件下,在一定面积的土地上投入较少的生产资料和活

劳动，进行粗耕粗作、广种薄收，主要靠扩大土地耕作面积来增加农产品产量和农民收入的一种农业经营方式。集约化经营是指在一定面积的土地上投入较多的生产资料和活劳动，应用先进的农业技术装备和技术措施，进行精耕细作，主要靠提高土地生产率来增加农产品产量和农民收入的一种农业经营方式。农业生产经营向集约化方向发展，是由土地面积的有限性和土壤肥力可以不断提高的特性决定的，也是农业生产发展的必然趋势。

衡量土地集约化经营水平的主要标志是农业土地生产率。农业土地生产率是指在一定时期内（通常为一年），单位面积的土地生产的农产品数量或产值。单位面积的土地上生产的农产品越多或产值越高，农业土地资源的生产率就越高。一般来说，农业土地生产率可以按耕地面积和播种面积分别来进行计算，即

耕地面积生产率 = 农作物总产量（产值）/ 耕地面积 ×100%

播种面积生产率 = 农作物总产量（产值）/ 播种面积 ×100%

农业土地生产率主要受自然条件、农业科学技术水平、生产资料的数量和质量、劳动的数量和质量等因素的制约。要提高农业土地的生产率，必须不断改善农业生产条件，增加农业科技投入，实行精耕细作，保护和提高土壤肥力，把已经用于农业生产的土地资源利用好，提高土地集约化经营的水平。

从我国农业生产经营的现状来看，要提高土地的集约化经营水平，必须调整优化农业生产结构和农作物种植布局，发展适应性强、效益高的农业生产项目。为此，需要增加农业资金投入，提高农业技术装备水平，改善农业生产条件；实施科教兴农战略，广泛应用现代农业科学技术，提高农业生产的机械化、科学化水平；扩大耕地复种面积，提高复种指数；做好农业经营管理，提高农业的整体素质，使农业土地资源生产率的提高脱离传统生产方式的束缚，提升农业生产的发展模式。

在增加农业生产投入、提高土地集约化经营水平的过程中，要注意追加投资的适合度，尊重土地报酬递减规律。追加投资适合度是指在一定科学技术水平的条件下，追加的投资和增加的产量、产值之间有一个合理限度。在技术条件不变的情况下，农业增加投资也是有限度的，超过了这个限度，增加的农业投资不但不会带来农产品产量的增加，反而可能导致产量、产值的减少。在一定面积的土地上，追加投资的最大限度应该是边际收益与边际成本相等的点。在达到这一点之前追加投资，会使土地继续增产增收，集约化水平提高；超过这个点之后继续追加投资，便会出现增产减收甚至减产减收，土地经营的集约化水平下降。因此，当对单位面积土地投资的增加额与递减的土地报酬相等时，追加投资达到最大限度，土地产出最大化，在既定技术条件下的土地集约化经营达到最高水平。

3. 促进农业土地合理流转，提高农业土地资源的使用效率

农业土地作为一种生产要素，只有进行合理流转，才能实现合理配置和高效利用，才能真正体现土地资源作为生产要素的性质。随着我国农村改革的不断深入和农业的商品化、产业化，农村非农产业发展迅速，土地资源已经不再是农民唯一的谋生手段。农村劳动力的

跨部门、跨行业、跨地区转移使原来按农村户籍人口平均分配和承包土地的做法遇到了新的挑战。因此，我国现有的农业土地政策必须适应形势的变化，做出相应的调整，以使愿意从事其他非农产业的农民能够离开土地、顺利转移出去，使愿意继续耕种土地的农民能够发挥特长，获得更大面积的土地进行规模化生产经营，提高农业生产的现代化、产业化水平。

农村土地流转是一个比较复杂的问题，目前理论界对其概念的理解和界定也不尽相同，一般认为：农村土地流转是指在农村土地所有权归属和农业用地性质不变的情况下，土地承包者将其土地承包经营权转移给其他农户或经营者的行为，其实质就是农村土地承包经营权的流转。农村土地流转是促进农业规模化和产业化经营、提高农业土地资源使用效率的重要渠道。要实现农村土地的合理流转，需要做好以下几个方面：

（1）提高对农村土地流转工作的认识，加强管理

农村土地流转是农村经济发展的必然结果，也是农村劳动力转移的客观要求。各级政府应该充分认识农村土地流转工作的重要性，做到在思想上重视、措施上可行、落实上到位，要以有利于农业生产要素合理流动、有利于促进农业结构调整、有利于增加农民收入为根本出发点，加强对农村土地流转工作的指导与管理，建立有效的管理体制和运行机制，维护农村土地流转的正常秩序和各利益方的合法权益。

（2）依法流转，规范秩序

要完善以实现土地承包经营权的财产权为主体的农村土地制度，建立"归属清晰、权责明确、保护严格、流转流畅"的现代土地产权制度，促进农户土地承包经营权与财产权的统一。

（3）积极培育农村土地流转市场

我国土地资源紧缺，要妥善解决土地经营的公平和效益问题，必须培育土地流转的市场机制，从制度上保障农业生产要素的优化组合，实现农业土地资源的优化配置和高效利用。因此，建立农村土地流转的市场化运作机制是农村土地制度改革的必然趋势，而建立健全中介服务组织是促进农村土地流转市场化的重要环节。中介服务组织主要负责农村土地流转的管理及中介，协调处理各利益方之间的关系，做好土地流转过程中的服务工作，在农村土地资源的供给主体和需求主体之间起到媒介和桥梁作用。

（4）建立保障机制，促进农村土地合理流转

在农村土地流转过程中，必然会有大量的农民离开土地，放弃传统的农业生产和生活模式，一旦不能找到新的工作机会，这些失地农民将没有收入来源，生活失去保障，成为农村土地流转进程中的不稳定因素。因此，要保证农村土地合理流转的顺利进行，必须建立健全可靠的农村社会保障机制，特别是失地农民的社会保障机制，积极探索农村医疗保障和最低生活保障机制，解决农民的后顾之忧，从根本上消除农民的"恋土"情结和对土地的依赖，促进农村土地的合理流转。

（5）加强科技培训，提高农民素质

在农业生产规模化、产业化的进程中，需要一大批了解市场经济规律、掌握农业科学技

术、擅长农业经营管理的农民科技人才,为土地合理流转之后的农业现代化经营提供技术和人才支持。为此,必须加强对农民的科技培训,提高农民的综合素质和科学素养,拓宽农民的择业渠道,特别是使农民能够脱离土地、实现跨行业转移和身份转变,使农村剩余劳动力得到有效转移,为农村土地的合理流转铺平道路,不断提高土地资源的配置效率,增加农民的经济收入。

(三)农业土地资源的保护和开发利用管理

农业土地资源的保护和利用管理是一项十分复杂的工作,涉及面广、层次复杂,管理起来问题多、困难大、任务重,必须建立合理的农业土地资源管理体制和运行机制,使土地资源的保护和利用管理走上科学化、法制化的轨道,实施更加规范有效的管理。

1. 坚持土地用途管制制度,严格控制耕地的转用

对土地用途实施管制,是解决我国经济快速发展时期土地利用和耕地保护等问题的一条有效途径,其目的是要严格按照土地利用总体规划确定的用途来使用土地。在具体工作中,应坚持以下几点:

(1)依据土地利用总体规划制订年度耕地转用计划,并依据规划、计划进行土地的供给制约和需求引导。

(2)严格耕地转用审批。要依法提高耕地转用审批权限,加大国家和省两级的审批管理力度,对不符合土地利用规划、计划的建设用地一律不予批准。

(3)对依法批准占用的耕地要严格执行"占一补一"的规定。即依法批准占用基本农田之后,必须进行同等数量的基本农田补偿。补偿和占用的耕地不仅要在数量上相等,而且要在质量上相当,以确保农业生产水平不会因为耕地的变化而受到影响。

2. 严格划定基本农田保护区

实行基本农田保护制度是保护我国稀缺的耕地资源的迫切需要。我国规定,依据土地利用总体规划,铁路、公路等交通沿线,城市和村庄、城镇建设用地区周边的耕地,应当优先划入基本农田保护区,任何建设都不得占用。

3. 以土地整理为重点,建立健全耕地补充制度

(1)必须坚持积极推进土地整理,适度开发土地后备资源的方针

我国后备土地资源的潜力在于土地整理,今后补充耕地的方式也要依靠土地整理。据估算,在目前的经济发展水平下,我国通过土地整理增加耕地的潜力在66.7万公顷左右。开展土地整理,有利于增加耕地面积,提高耕地质量,同时也有利于改善农村生产和生活环境。

(2)国家必须建立耕地补充的资金保障

土地整理是对田、水、路、林、村进行的综合整治,需要投入大量资金。为此,一方面要按照《土地管理法》规定,征收新增建设用地的土地有偿使用费,并以此作为主要资金来源,建立土地开发整理补充耕地的专项基金,专款专用,长期坚持;另一方面,有必要制定共同的

资金投入政策,将土地整理与农田水利、中低产田改造、农田林网建设、小城镇建设、村庄改造等有机结合起来,依靠各部门共同投入,产生综合效益。

(3)应该根据土地利用状况和社会经济条件,确定土地整理的重点区域。

4. 建立利益调控机制,控制耕地占用

控制新增建设用地、挖潜利用存量土地,是我国土地利用的根本方向。在市场经济条件下,除了运用行政、法律手段对土地资源的利用进行管理之外,还应该更多地利用经济手段,调控土地资源利用过程中的利益关系,形成占用耕地的自我约束机制。从当前来看,应该主要采取以下措施:

(1)在土地资源有偿使用的收入方面调控利益关系,控制增量,鼓励利用存量建设用地。一方面,凡是新增建设用地的有偿使用费应依法上缴省级和中央财政,从动因与根本上抑制基层地方政府多征地、多卖地等行为;另一方面,利用存量建设用地的土地有偿使用费全部留给基层地方政府,鼓励各基层地方政府盘活利用存量的建设用地,在提高土地资源利用效率的同时增加财政收入。

(2)在有关土地税费方面进行调控,控制建设用地增量,挖潜存量。具体来说,应做到以下几点:一是落实《土地管理法》,提高征地成本;二是调整耕地占用税,提高用地成本;三是降低取得存量土地的费用,从而降低闲置土地的转移成本,鼓励土地流转;四是开设闲置土地税,限制闲置土地行为,促进闲置土地的盘活利用。

5. 明晰农村土地产权关系,建立农民自觉保护土地的自我约束机制

长期以来,我国在农业土地资源保护的综合管理措施方面不断加强,但广大农民群众维护自身的土地权益、依靠农村集体土地所有者保护农业土地资源的机制尚未形成。为了进一步做好我国农业土地资源的保护工作,除了继续加强行政手段、法律手段和经济手段等方面的综合管理以外,还必须调动广大农民群众积极维护自身权益,形成农民自觉保护耕地的自我约束机制。对此,应当深入研究农村集体的土地产权问题,围绕农村集体土地产权的管理,制定切实可行的法律规定,明晰相关的权利和义务,使我国农业土地资源保护和利用管理走上依法管理、行政监督、农民自觉保护的轨道。

第二节 农业劳动力资源管理

一、农业劳动力资源概述

农业劳动力资源是农业生产的主体,研究农业劳动力资源管理,要从其概念和特点出发,探索有效管理和合理利用的途径。

(一)农业劳动力资源的内涵

1. 农业劳动力资源的概念

农业劳动力资源是指能够直接或间接参加和从事农业生产劳动的劳动力数量和质量的总和。我国规定,农村中男性16~59岁、女性16~54岁,具有正常的生产劳动能力的人为农业劳动力。但从我国农业生产的实际情况来看,许多从事农业生产劳动的农民已经超过了这个年龄范围,因此应该从农业生产的实际情况出发来界定其范围。农业劳动力资源包括数量和质量两个方面。

2. 农业劳动力资源的数量

农业劳动力资源的数量是指农村中已经达到劳动年龄和虽未达到或已经超过劳动年龄但仍实际参加农业生产劳动的人数。农业劳动力资源的数量主要由两个基本因素决定,即自然因素和社会因素。其中:自然因素由自然规律决定,包括农业人口的自然增长率、达到或超过劳动年龄的人数以及原有劳动力的自然减员,自然因素是引起劳动力资源数量变动的主要因素。社会因素主要包括经济社会发展程度、国家所采取的人口政策与措施、劳动力资源在各产业部分的分配比例以及农村福利政策和妇女的解放程度等。

3. 农业劳动力资源的质量

农业劳动力资源的质量是指劳动者的身体素质和智力水平,其中前者主要指劳动者的体力强弱,后者包括劳动者的科学文化水平、劳动技术水平、生产熟练程度等。农业劳动力资源的质量变化,主要受农村教育发展和智力开发、农村医疗卫生条件以及农业现代化水平等因素的影响。在传统农业生产条件下,农业劳动者身体素质是衡量农业劳动力资源质量的主要因素。随着农业生产力的发展,农业生产转向以机械操作为主,农业科技推广应用迅速发展,科技水平不断提高,农业劳动者智力水平逐渐成为衡量农业劳动力资源质量的重要指标。

(二)农业劳动力资源的特征

劳动力资源是农业生产的重要资源之一,与土地资源、水资源等农业自然资源和农业生

产资金相比,它具有以下特征:

1. 农业劳动力资源的可再生性

人类的繁衍、进化,劳动力资源在人类的新老生死交替中不断得到补充,使人类改造自然的活动不断延续下去。因此,从整体上看,农业劳动力资源是一种永续性资源,只要使用得当,可以不断地得到恢复和补充。这一特点决定了农业劳动力资源开发的连续性,一代人改造自然的过程直接影响着下一代人甚至几代人改造自然的过程和结果。这就要求在开发和利用劳动力资源的过程中,必须有长远的统筹安排,把提高农业劳动力资源的整体素质和发展农业生产力紧密结合在一起,保证农业再生产的顺利进行。

2. 农业劳动力资源需求的季节性

农业生产受自然条件的影响较大,有明显的季节性,导致农业劳动力资源需求的季节性差异十分明显。不同季节的农业劳动项目、劳动量、劳动紧张程度存在很大差异,农忙时需要大量的劳动力,农闲时则会出现劳动力的相对过剩和闲置。而劳动力资源的服务能力(劳动能力)无法储藏,在某一时期不予以利用,就会自行消失,不能存贮待用。这就要求农业生产实行专业化生产和多种经营相结合,对农业劳动力资源合理安排、有效利用。

3. 劳动力素质的差异性

劳动力素质的差异性主要表现为农业劳动者的健康状况、文化知识水平和劳动技术熟练程度等方面的内在差异,它是由社会经济条件和劳动者的主观能动性所决定的。农业劳动者素质水平的高低,不仅影响农业生产工作完成的质量与效率,还会影响农业生产中某些复杂工种的执行能力。农业劳动者素质的提高,需要有发达的社会经济条件作为物质基础。

4. 农业劳动力资源的主体能动性

农业劳动力资源的主体能动性,是由人类本身的特性决定的。劳动者具有意识,并能够利用这种意识去影响客观世界,改变人类改造世界的进程,这种主体能动性是人类社会进化和发展的动力。同样,农业劳动力资源对推动农业生产力的发展起着决定性的作用,农业生产中其他资源的开发利用的状况,在很大程度上取决于农业劳动力资源的开发状况。因此,在开发利用农业劳动力资源的过程中,必须充分发挥劳动者的特长,使其主体能动性得到充分发挥。

5. 农业劳动力资源构成要素的两重性

农业劳动力资源作为农业生产的主体,一方面,作为农业生产中具有决定意义的要素,开发利用得当可以迸发出无限的创造力,通过农业劳动创造社会财富;另一方面,劳动者又是消费者,需要不断地消耗资源,消费社会财富。因此,如果农业劳动力资源得不到合理利用,不能与农业生产资料有效结合,不仅其创造力得不到发挥,反而会成为经济增长的负担,甚至会成为社会的不稳定因素,影响社会的安宁。

(三)农业劳动力资源的供给与需求

我国农业劳动力资源数量规模大、增长速度快,同时耕地面积逐年减少,人多地少的矛盾十分尖锐。因此,研究农业劳动力资源的供给与需求的特点、影响因素等,对有效解决农业劳动力供求矛盾具有重要意义。

1. 农业劳动力资源的供给

(1)农业劳动力资源供给的含义

农业劳动力资源的供给是指在一定时期内,在一定的农业劳动报酬水平下,可能提供的农业劳动力数量。现阶段,我国农业劳动力资源的供给数量包括已经从事农业生产的劳动力和可能从事农业生产的剩余劳动力。

(2)农业劳动力资源供给的特征

1)农业劳动力资源供给的无限性

农业劳动力资源供给的无限性是指与农业劳动力需求相比,农业劳动力的供给处于绝对过剩状态。由于我国人口再生产失控,农业人口总量大,从而造成农业劳动力资源的供给持续上升,形成无限供给的趋势。这种趋势是我国社会主义初级阶段农业市场经济发展的一个基本特征。

2)农业劳动力资源供给的伸缩性

农业劳动力资源供给的伸缩性是指农业劳动力的供给数量受农产品价格等因素影响呈现的增减变化。主要表现是:当某种农产品价格高时,从事该农产品生产的劳动力迅速增加;当某种农产品价格低时,从事该农产品生产的劳动力迅速减少。由此导致农业劳动力资源的供给数量增减变化的幅度较大。这种伸缩性是农业劳动力资源供给的一个重要特征,它一方面自发调节了农业劳动力资源的分配,另一方面导致农业生产的不稳定,造成农业劳动力的浪费。

(3)影响农业劳动力资源供给的因素

1)人口自然增长率

人口的自然增长率是影响农业劳动力数量的重要因素,它直接影响了农业劳动力资源的供给。我国的人口自然增长率一直较高,加之人口基数大,人口的增长速度很快,目前全国人口已14亿,城乡处于劳动年龄的人口就业问题十分严重,这是造成我国农业劳动力资源供大于求,相对过剩的重要原因。因此,有计划地控制人口规模,适度降低人口自然增长率仍是我国解决农业劳动力资源供求矛盾的关键。

2)农业劳动报酬

在一定时期内,农业劳动力资源的供给数量是农业劳动报酬的递增函数,农业劳动报酬的高低直接影响着农业劳动力供给的数量。在我国实行家庭联产承包责任制之后,农业生产的分配形式发生了变化,农业劳动报酬主要体现为农民出售农产品的收入。因此,农产品的销售价格就成为影响农业劳动力供给的主要因素。当某种农产品销售价格高、生产者获利大,大量农业劳动力就会转入该生产领域,反之则会有很多农业劳动力退出该生产领域。我国农业劳动力资源数量规模较大,人均耕地面积较少,农业劳动力的绝对剩余和季节性剩余的数量较多,这些农业劳动力随时准备进入农业生产领域。同时,我国农业生产效益相对较低,农民迫切要求开拓生产领域,提高收入水平。因此,利用宏观价格杠杆,以提高农业劳动报酬为导向,能够使农业生产向合理高效的方向转化,促进农业劳动力资源的合理利用。

3)农民的价值观

农民的价值观对农业劳动力资源供给的影响主要表现在农民对闲暇及收入的偏好。由于我国农业生产力水平较低,农民整体收入水平不高,因而大部分地区的农民把辛勤劳动、增加收入作为价值观的主要内容。这是包括我国在内的发展中国家的共有现象,能够在很大程度上促进农民积极参加农业生产,增加农业劳动力资源供给。随着社会发展和经济水平的提高,农民的价值观也必然会发生变化,对农业劳动力资源的供给产生影响。因此,研究农民价值观的变化,对合理利用农业劳动力资源也有一定意义。

除以上因素之外,随着我国进一步对外开放和融入世界经济,国际资源和国际市场的变化也会引起农业劳动力资源的供给和结构发生变化。

2. 农业劳动力资源的需求

(1)农业劳动力资源需求的含义

农业劳动力资源需求是指在一定时期内,在一定的农业劳动报酬水平下,农业生产需要的劳动力数量。它是在现有农业自然资源状况和生产力水平的条件下,为了保证经济发展和社会对农产品日益增长的需求,整个社会对农业劳动力资源数量和质量的整体需求。

(2)农业劳动力资源需求的特征

1)农业劳动力资源需求的季节性

农业劳动力资源的需求受农业生产的季节性影响,需求数量呈明显的季节性变化。在农忙季节,农业劳动力需求数量很大,常常造成农业劳动力的不足;而农闲季节,对农业劳动力需求的数量较小,又常常会形成季节性的农业劳动力剩余。因此,研究农业劳动力资源需求的季节性,对合理利用农业劳动力,保证农业生产的顺利进行,具有重要意义。

2)农业劳动力资源需求数量的递减性

农业劳动力资源需求的递减性是指随着农业生产力的发展,农业劳动力需求数量会逐渐下降。造成这种现象的原因主要有两个:一方面,农业生产可利用的自然资源数量有一定限制,可容纳的农业劳动力数量有限;另一方面,农业是生产人类消费必需品的部门,对每一个消费者来说,这类消费必需品的需求数量是随着人们生活水平的提高而逐渐下降的。另外,我国农业生产力水平较低,农业生产主要依靠大量的劳动力投入,随着我国农业生产力水平的提高,农业生产将更多地需要资金和技术投入,对农业劳动力的需求也会逐渐减少。因此,农业劳动力需求总体上呈下降趋势,这是世界农业发展过程中的普遍趋势,也是农业生产发展的客观规律。

（3）影响农业劳动力资源需求的因素

1）土地资源条件

土地资源是农业生产的主要自然资源,其数量直接影响农业生产对劳动力的容纳程度,是影响农业劳动力需求的主要因素。从农业生产发展的进程来看,随着农业生产力的提高,土地资源对农业劳动力的容纳数量逐渐下降。尤其是我国这样人多地少的国家,农业上可开发的土地资源数量有限,容纳和增加农业劳动力需求的潜力较小。同时应该看到,我国很多地区的农业土地经营粗放,土地生产率较低,要改变这一状况,需要加强农业基本建设,实行精耕细作,合理增加单位面积土地的农业劳动力投入,提高土地资源的生产率,这样就会增加对农业劳动力资源的需求。

2）农业耕作制度

我国农业生产的地域差异较大,各地区的耕作制度也各不相同,而不同的耕作制度直接影响着农业劳动力的需求水平。对此,需要建立合理的农业耕作制度,适当增加土地复种指数,实行轮作制,特别是合理安排果蔬、园艺等劳动力密集型农产品的生产,增加对农业劳动力的需求。同时,建立合理的农业耕作制度客观上要求开展农业基础设施建设,增加长期性的农业劳动投入,这是增加农业劳动力需求、有效利用农业劳动力资源的重要途径。

3）农业多种经营水平

广义上的农业生产包括传统的农业种植业和林、牧、副、渔等行业,除了农业种植业之外,农业中的其他各行业也对农业劳动力资源有很大的需求。因此,充分利用农业土地资源多样性的特点,合理开发山地、草原、水面等农业自然资源,实行多种经营,既可以提高农民收入、增加农业产出,同时还可以增加对大农业中林、牧、副、渔等各业的农业劳动力投入,这对提高农业生产力,促进农业劳动力的内部消化,合理利用农业劳动力资源具有十分重要的意义。

4）农业生产项目

广义的农业是一个农林牧副渔各业全面发展、农工商综合经营的宏大部门,要求农业及与农业有关的各种生产项目协调发展。农业生产项目多,可以拓宽农民就业门路,增加对农业劳动力的需求数量。从我国农业的发展趋势来看,在农村大力发展乡镇企业,开拓新的农业生产项目,促进农业劳动力的转移,是我国农业发展的必然方向,也是增加农业劳动力资源需求的重要途径。

5）农业机械化水平

农业机械化水平和农业劳动力资源的需求之间成反比关系,一国（或地区）的农业机械化水平越高,对农业劳动力的需求数量越少。因此,实现农业机械化的过程,也是农业劳动力需求逐渐下降的过程。我国农业劳动力资源丰富,人均耕地资源比较少,不可避免地会与农业机械化产生一些矛盾。因此,在我国实现农业机械化的过程中,要结合农村实际情况和农业生产需要,因地制宜,不能急于求成。要把实现农业机械化的过程与农业劳动力转移紧密结合起来,合理利用农业劳动力资源,调动农民的生产积极性,促进农业生产的发展。

二、农业劳动力资源的现状与利用原则

农业劳动力资源作为农业生产的主体,其利用是否合理,直接关系到农业经济的发展和农业现代化的进程。这里从研究农业劳动的特点出发,分析农业劳动力的利用原则和现状,探讨合理利用农业劳动力资源的有效途径。

(一)农业劳动的特点

农业劳动是农业劳动力、生物资源和自然条件三个因素相结合的农业生产过程,农业生产的特点决定了农业劳动具有以下特点:

1. 农业劳动具有较强的季节性

农业劳动的主要对象是有生命的动植物,而它们有自身的生长发育规律并受自然条件的制约,其生产时间和农业劳动时间不一致,使得农业劳动具有明显的季节性。农忙时,需要大量的劳动力,突击进行农业劳动,以不误农事;农闲时,农业劳动力大量闲置。因此,既要保证农忙季节对农业劳动力的需求,又要使农闲季节的农业劳动力有出路,才能达到合理利用农业劳动力的目的。

2. 农业劳动具有较大的分散性

由于农业生产的基本生产资料是土地,而土地需要在广阔的空间进行分布,因而农业劳动也是在广阔的地域中进行作业的,劳动分散,人、畜、机械作业空间大。为此,农业劳动的组织要适合农业劳动分散的特点,采取灵活多样的农业劳动协作形式,确定适宜的协作规模。

3. 农业劳动具有一定的连续性

一个完整的农业生产周期,是由许多间断的,但又相互联系的农业劳动过程组成的。每一个农业劳动的作业质量,不仅会影响下一个农业劳动的作业质量,而且会影响农业生产的最终成果。因此,在组织农业劳动时,应该建立健全农业生产责任制,使劳动者既重视农业劳动的数量,又注意农业劳动的质量,关心农业劳动的最终成果。

4. 农业生产周期长,农业劳动效益具有不稳定性

农业劳动的主要对象(各种动植物)的生产周期长,一般没有中间产品,要等到一个农业生产周期结束,才会有农业劳动成果。在这个过程中,农业生产不仅受人类生产活动的控制,还受到各种自然条件的影响。因此,农业劳动必须顺应自然条件和劳动对象的特点,在农业生产过程中灵活机动地做出决策,采取应变措施,保证农业劳动的效益水平。

5. 农业劳动的内容具有多样性

农业生产包括农、林、牧、副、渔等各业的生产,一般采取各不相同的作业方式和技术措施。即使同一生产部门,在不同生产阶段所采用的作业方式和技术措施也不相同,如种植业生产中的耕翻地、播种、施肥等,畜牧业的饲料配比、畜禽防疫等。因此,农业劳动的内容繁

杂,形式多样,这就要求农业劳动者必须掌握多种技能,能够从事多种生产项目,进行多种农业劳动作业。

6. 农业劳动的艰苦性

农业劳动不同于工业劳动或服务业劳动,一般是在田间土地上进行作业的,受自然环境影响较大,作业环境差,劳动条件艰苦,而且改善的难度较大。同时,农业劳动一般需要繁重的体力支出,劳动强度大。

充分认识上述农业劳动的特点,对合理利用农业劳动力资源,提高农业劳动生产率,具有重要意义。

(二)我国农业劳动力资源的现状

我国农业劳动力资源的现状有以下几点:

1. 农业劳动力数量大

虽然目前我国农村地区人口自然增长率呈下降趋势,且农村人口在全国总人口当中的比重也有所下降,但由于人口基数大,农村人口增长速度仍非常快,加之耕地面积又在逐渐减少,致使每个农业劳动力占有耕地的数量持续下降。同时,农村实行联产承包责任制之后,农业劳动效率提高,无效劳动减少,进一步增加了农业劳动力的过剩。据调查测算,目前全国大多数地区农村的劳动力有剩余,平原地区一般剩余1/3左右,农业劳动力过剩的问题十分严重。

2. 农业劳动者素质低

新中国成立以来,通过农村扫盲和发展教育事业,农民的文化知识水平有了很大提高,但文盲和半文盲仍占相当大的比重。青壮年农民受过中等以上教育的人数很少,掌握现代农业科学技术的人才十分缺乏。农业农村部的统计资料显示,绝大多数农村劳动力仍属于体力型和传统经验型农民,没有掌握现代农业生产技术,其中受过专业技能培训的仅占9.1%,接受过农业职业教育的不足5%。农业劳动者素质低,既不适应农业现代化发展的需要,也不利于农业剩余劳动力向非农部门转移。

3. 农业劳动力地区分布不平衡

我国各地区的人口分布密度差异悬殊,农业劳动力资源的分布也是如此。其中:西北部地区面积占我国国土面积的52%,而人口却只占全国总人口的4%,人少地广,农业劳动力相对短缺;东南部地区,尤其是长江中下游、珠江三角洲等地区,人口密度极大,而土地资源稀缺,每个农业劳动力平均负担的耕地不足0.1公顷,人多地少的矛盾非常突出。

针对我国农业劳动力的现状,要充分合理地利用农业劳动力资源,必须控制农业劳动力的数量,提高质量,优化农业劳动力资源的配置。

（三）合理利用农业劳动力资源的原则

1. 因地制宜原则

我国地域辽阔，各地区农业生产的自然条件和经济条件差别很大，因而在组织农业劳动、进行农业生产管理时，应该允许多种多样的农业劳动组织形式同时存在，不能只采用一种模式，搞整齐划一的"一刀切"。因此，各地区、各农业生产单位都要根据因地制宜的原则，确定符合本地区农业生产实际情况的农业劳动组织形式和管理制度。农业劳动组织形式和管理制度确定之后，要保持相对稳定，防止频繁变动，同时要随着农业生产力的不断发展以及客观条件的不断变化，进行适当合理的调整和完善，以促进农业生产的发展。

2. 经济效益原则

农业劳动力作为农业生产力的主导能动要素，在物质资料的生产中，还要坚持经济效益的原则。为此，必须科学地组织农业生产劳动，实行严格的生产责任制度，做好劳动定额和劳动计酬，努力提高农业劳动的工效。要根据农业生产的实际需要，有计划地分配和合理使用农业劳动力资源；要采取一切有效措施，努力节约劳动时间，提高劳动效率；剩余的农业劳动力要千方百计地寻求向农业的深度和广度拓展的途径。

3. 物质利益原则

在农业劳动力资源的利用过程中，要正确处理国家、集体、个人三者之间的物质利益关系。既要反对为了个人利益损害集体利益和国家利益，又要反对忽视农民个人利益的错误做法。具体而言，就是要认真贯彻按劳分配原则和物质奖励制度，要根据劳动者提供的劳动量分配个人消费品，根据劳动者提供的超额劳动进行物质奖励。与此同时，还应该加强对农业劳动者的思想教育工作，提高农业劳动者的思想觉悟，鼓励农业劳动者为国家利益和集体利益多做贡献。研究和探讨对农业劳动力资源合理利用的原则，目的在于提高农业劳动力的利用水平和效率。

（四）农民就业与农业剩余劳动力转移

1. 农民就业的概念

新中国成立后相当长的一段时间内没有农民就业这一提法，农民也没有相当于城镇职工的就业要求，至今在一些部门和地方的决策者看来，就业或失业是针对城镇居民而言的，与广大农民无关。传统的农民就业仅仅是指农业劳动者在其承包的责任田上从事农业生产经营活动，通过辛勤劳动、合法经营取得农业劳动成果，这一概念是从农业劳动者是否参加农业生产经营活动来界定农民是否就业的。由于我国广大农村地区富余劳动力数量众多，人均土地资源稀缺，农民隐性失业问题十分严重，所以一个完整的、科学的关于农民就业的概念应该排除隐性失业问题的影响，着重从农业劳动绩效、农民劳动满意度的角度来考察和衡量农民就业情况。

因此，科学的、严谨的农民就业的定义应该是指社会能够为农业劳动者提供充足的工作岗位，所有愿意就业的农业劳动力都能找到工作，并使他们与其他生产要素相互结合，通过辛勤劳动、合法经营获得基本生产、生活资料和必要的劳动满足，进而达到自我实现目的的过程。

2. 农业剩余劳动力及其形成原因

农业剩余劳动力是指在一定的物质技术条件下，农业劳动力的供给量大于生产一定数量的农产品所需要的农业劳动力的数量，即农业劳动力供给超过需求的那一部分，这部分农业劳动力投入农业生产的边际产量为零。农业剩余劳动力是一个相对的概念，可以从绝对剩余和相对剩余两个方面加以界定。绝对剩余是指在一定区域、一定时期、一定生产力水平下，农业劳动力的边际效益为零时，农业生产中供大于求的那部分农业劳动力资源。相对剩余是指在一定区域、一定时期、一定生产力水平下，农业劳动力的劳动生产率达到全国平均劳动生产率时，农业生产中供大于求的那部分农业劳动力资源。

我国农业剩余劳动力产生的原因很多，总结来看主要有以下几条：一是农村人口和农业劳动力规模大，增长速度快；二是人均耕地面积逐年减少，农业生产对农业劳动力的总需求逐渐减少；三是农业生产技术条件改善，农业劳动生产率和集约化水平提高，对农业劳动力的平均需求水平降低；四是长期以来农业产业结构单一，对农业劳动力的综合容纳能力不高；五是城镇化水平相对较低，非农产业发展缓慢对农业劳动力的吸纳能力有限。随着农业生产和社会经济的发展，我国已产生规模巨大的农业剩余劳动力，如果不能进行合理的安置，不仅会造成农业劳动力资源的极大浪费，还会影响农业现代化的发展进程。

3. 农业剩余劳动力转移

农业剩余劳动力的存在，意味着经济上的浪费和社会福利的损失，不仅影响了传统农业向现代农业的转变，还在一定程度上制约着整个国民经济的发展。为此，必须制定务实、有效的政策措施，促进农业劳动力的充分就业，提高农业劳动力资源的利用效率。要实现这一目标，在农业生产资源特别是土地资源有限的条件下，应该着力发展非农产业，创造更多的就业机会，实现对农业剩余劳动力的转移。为保证农业剩余劳动力转移工作的有力、有序、有效进行，应采取以下措施：

（1）发展劳动密集型农产品的生产，扩大农业生产自身的就业量

我国属于劳动力资源异常丰富、耕地资源稀缺的国家，大力发展林果业、水产养殖业、畜牧业、高档蔬菜种植业并对其进行深加工，适当降低粮食生产并积极参与国际分工，是转移农业剩余劳动力的有效途径和理性选择。当然，粮食生产对我国而言有着特殊的重要性，因而调整农业生产结构必须以保障国家的粮食安全为前提，要不断改善农业生产的基础条件，凭借技术进步来提高粮食单产和总产量。基于我国国情和市场导向的农业生产结构调整，不仅不会威胁我国的粮食安全，而且能够为农业剩余劳动力的合理安排和有效转移提供更为广阔的空间。

（2）加强对农民的教育培训，培养新型农民和现代产业工人

农业劳动力的综合素质偏低，不仅会影响农业劳动生产率的提高，还会限制农业劳动力的非农化转移及身份转变，并在一定程度上加剧农业劳动力供需失衡的矛盾。因此，要实现农业剩余劳动力在非农产业中的稳定就业，就必须加强对农民的教育培训，提升农民的职业技能和对非农就业岗位的适应能力，将留在农村继续务农的农业劳动力培养成"有文化、懂技术、善经营"的新型农民，将转移到城镇和非农产业的农业剩余劳动力培养成高素质的现代产业工人，这是促进农业劳动力合理利用和农业剩余劳动力有序转移的治本之策。

（3）加快农村小城镇建设，形成有利于农业剩余劳动力就业的块状经济和产业集群

我国现有的农村乡镇企业80%分布在零散的自然村，布局的分散使其丧失了应有的聚集效应和扩散功能，对农业剩余劳动力的吸纳能力受到限制，就业容量不断下降。研究表明，如果能使目前分布比较分散的农村乡镇企业向小城镇适度集中，通过关联产业的带动和聚集效应，现有农村乡镇企业和小城镇的就业容量能扩大30%~50%，大大增强对农业剩余劳动力的吸纳能力。因此，加快农村小城镇建设，依托这些小城镇吸收社会资金，引导农村乡镇企业不断聚集，形成块状经济和产业集群，并进行产权制度、户籍制度、投资制度、社会保障制度等方面的配套改革，就可以为农业剩余劳动力的转移创造更多的就业岗位。

（4）发展城乡服务业，提升第三产业对农业剩余劳动力的吸纳能力

改革开放40年来，我国经济发展迅速，经济总量显著增加，但同时产业结构不平衡的矛盾也日益突出。目前我国的产业结构中，在第一产业占国民经济的比重逐渐降低的情况下，第二产业所占比重过大，第三产业比重相对较小，尤其是服务业的发展水平和在国民经济中所占的比重远低于发达国家和地区，限制了其对农业剩余劳动力的吸纳能力。最新统计数据显示，我国三大产业占国民生产总值的比重，第一产业为9.2%，第二产业为42.6%，第三产业为48.2%。我国的第三产业虽然占国民经济的比重最大，但与发达国家70%左右的水平相比，仍处于较低水平。因此，大力发展劳动密集型的第三产业，尤其是城乡服务业，是我国未来增加农民就业、转移农业剩余劳动力的有效途径。

三、农业劳动力资源的开发与利用

我国是一个农业大国，也是一个人口大国，合理开发和利用农业劳动力资源，提高我国农业生产的效率和质量，对我国经济和社会发展具有极其重要的意义。为此，需要对农业劳动力资源的利用进行评价，据以加强对农业劳动力资源的开发和利用管理。

（一）农业劳动力资源的利用评价

为了充分合理地利用农业劳动力资源，首先需要对农业劳动力资源的利用状况和使用效率进行评价，其评价标准主要是农业劳动力利用率和农业劳动生产率两个指标。

1. 农业劳动力利用率

（1）农业劳动力利用率的概念

农业劳动力利用率是反映农业劳动力资源利用程度的指标，一般是指一定时间内（通常为1年），有劳动能力的农业劳动者参加农业生产劳动的程度。农业劳动力利用率是衡量农业生产水平和经济效益的重要标准，在一定的农业劳动力资源和农业劳动生产率条件下，农业劳动力利用率越高，就可以生产出越多的农产品。衡量农业劳动力利用率的具体指标包括：1）实际参加农业生产的农业劳动力数量与农业劳动力总量的比率；2）在一定时间内，平均每个农业劳动力实际参加农业生产劳动的天数与应该参加农业生产劳动的天数的比率；3）每天纯劳动时间占每天标准劳动时间的比重。

在农业劳动生产率不变的条件下，提高农业劳动力的利用率，意味着在农业生产中投入更多的劳动量。在我国目前农业生产的资金投入相对不足、物质技术装备条件比较落后的情况下，增加劳动量的投入，提高农业劳动力的利用率，对促进农业生产的发展具有十分重要的意义，也是合理利用农业劳动力资源的重要途径和客观要求。

（2）影响农业劳动力利用率的因素

在农业生产实践中，影响农业劳动力利用率的因素很多，概括来说主要可以分为两个方面：一是农业劳动力的自然状况和觉悟程度，如人口数、年龄、身体状况、技术能力、思想觉悟水平、生产积极性和主动性等；二是自然条件和社会经济条件，如土地结构、气候条件、耕作制度、农业生产结构、多种经营的开展状况、农业生产集约化水平、劳动组织和劳动报酬、责任制状况、家务劳动的社会化程度等。在这些影响因素当中，有的因素是比较固定的，或者要经过较长的时间才会起变化，有的因素则可以在短期内发生变化。因此，为了提高农业劳动力利用率，既要从长计议，如控制农村人口的增长，逐步改善自然条件等，又要着眼当前，如合理调整农业生产结构、改善农业劳动组织、贯彻按劳分配原则、采用合理的技术和经济政策等。

（3）提高农业劳动力利用率的基本途径

1）运用积极的宏观调控政策，充分调动农业劳动者的生产积极性

劳动力资源的利用程度与劳动者的生产积极性紧密相关，在农业生产劳动过程中也同样如此。因此，要提高农业劳动力的利用率，就要运用积极的宏观调控政策充分调动农业劳动者的生产积极性，充分尊重农业劳动者的经营自主权，充分发挥他们在农业生产中的主观能动性，使农业劳动力及其劳动时间都能得到更加合理的利用。

2）向农业生产的广度和深度进军，大力发展农业多种经营

虽然我国按人口平均计算的耕地资源非常有限，但其他农业生产资源相对比较丰富，有大量的草地、林地、海域和淡水养殖面积可供利用。因此，在安排农业生产经营的过程中，不能把注意力只集中在单一的农业生产项目上，或者只进行简耕粗作的农业生产经营，而是应该开阔视野，树立大农业经营观念，走农林牧副渔全面发展、农工商一体化的发展道路。这样才能为农业劳动力的充分利用提供更多的就业门路。

3)合理分配农业劳动力,积极探索适合我国国情的农业剩余劳动力转移之路

除了在农业内部努力提高农业劳动力的利用率之外,还应该对农业劳动力进行合理分配使用,加强对农业剩余劳动力的转移。为此,要在农、林、牧、渔之间,农业和农村其他产业之间,生产性用工和非生产性用工之间合理分配使用农业劳动力,把富余的农业劳动力千方百计地转移到工业、商业、服务业、交通运输业、建筑业等二、三产业中去,避免农业劳动力配置不均造成的窝工浪费和转移受阻造成的闲置浪费。

4)改善农业劳动组织,加强农业劳动管理

为了充分合理地利用农业劳动力资源,还应该在农业生产中采取科学的、与生产力水平相适应的农业劳动组织形式,加强和改善劳动管理,建立健全农业劳动绩效考评机制,实施合理的、有激励效果的劳动报酬制度,使农业劳动者从关心自己利益的动机出发,积极主动地、负责任地参加农业生产劳动,进而提高农业劳动力的利用率。

2. 农业劳动生产率

(1)农业劳动生产率的概念

农业劳动生产率即农业劳动者的生产效率,是指单位劳动时间内生产出来的农产品数量或生产单位农产品所支出的劳动时间。农业劳动生产率反映了农业劳动消耗与其所创造的劳动成果之间的数量比例关系,表明农业劳动力生产农产品的效率或消耗一定劳动时间创造某种农产品的能力,提高农业劳动生产率是发展农业生产的根本途径。

(2)农业劳动生产率的评价指标

评价衡量农业劳动生产率的指标,有直接指标和间接指标两大类。

1)直接指标

农业劳动生产率的直接指标是指单位劳动时间内所生产的农产品数量或生产单位农产品所消耗的劳动时间。用公式表示如下:

农业劳动生产率 = 农产品产量或产值 / 农业劳动时间

农产品数量可以用实物形式表示,如粮食、棉花的一定数量单位等;也可以用价值形式表示,如农业总产值、净产值等。由于价格是价值的外在表现,而价格又在不断发生变化,因此采用价值形式来比较不同时期的农业劳动生产率时,要采用不变价格计算。农业劳动时间应该包括活劳动时间和物化劳动时间,这样计算出来的农业劳动生产率被称为完全劳动生产率。但由于物化劳动时间的资料取得比较困难,一般只用活劳动时间来计算农业劳动生产率,被称为活劳动生产率。在实际工作中,为了使活劳动生产率尽量接近完全劳动生产率,在用价值表示农产品数量时可以减去已消耗的生产资料价值部分,直接用农业净产值表示。活劳动时间的计算单位通常采用人年、人工日、人工时等指标。

2)间接指标

为了及时考察农业生产过程中各项作业的劳动生产率,还可以采用单位劳动时间所完成的工作量来表示农业劳动生产率,即劳动效率。这就是衡量农业劳动生产率的间接指标,

如一个"人工日"或"人工时"完成多少工作量等,用公式表示如下:

农业劳动效率=完成的农业工作量/农业劳动时间

在运用农业劳动效率指标时要注意和农业劳动生产率指标结合应用,因为两者之间有时一致,有时可能不一致,如技术措施不当、劳动质量不高、违反农时以及自然灾害等多种原因时常造成两者不一致。因此,不能单纯强调农业劳动效率,必须在采用正确技术措施的条件下,在保证质量和不误农时的前提下,积极提高农业劳动生产率。

(3)提高农业劳动生产率的意义

农业劳动生产率的提高,意味着包含在单位农产品中劳动总量的减少,这是农业生产力发展的结果,也是发展农业生产力的源泉,是衡量社会生产力发展水平的重要标志。因此,不断提高农业劳动生产率是农业发展的主要目标,也是加速社会向前发展的坚实基础,不仅具有重大的经济意义,而且具有重大的社会政治意义。具体表现在:

1)提高农业劳动生产率和农产品质量,以较少的农业劳动力生产出更多的高质量农产品,从而能够更好地满足国民经济发展和人民生活的需要。

2)提高农业劳动生产率,促进农业和国民经济的综合发展,减少单位农产品的劳动消耗,为国民经济其他部门准备了大量劳动力。

3)提高农业劳动生产率,能够增加农民的收入,为农民进军国民经济的其他部门提供了条件。

4)提高农业劳动生产率,能够提高农业劳动力的综合素质,使农民学习科学文化知识和专业技能,进一步促进农业生产力的发展。

(二)农业劳动力资源的开发

1. 农业劳动力资源开发的含义

农业劳动力资源开发,指的是为充分、合理、科学地发挥农业劳动力资源对农业和农村经济发展的积极作用,对农业劳动力资源进行的将数量控制、素质提高、资源配置等一系列活动相结合的有机整体。农业劳动力资源的开发包括数量开发和质量开发两个层次的含义。

农业劳动力资源的数量开发,是指用于农业劳动力资源控制而展开的各项经济活动及由此产生的耗费。不同类型的国家或地区的农业劳动力资源数量控制的目标也各不相同,既有为增加农业劳动力资源数量进行努力而付出费用的,也包括为减少农业劳动力资源数量而做出各种努力的。前者通常存在于经济高度发达、人口高龄化尤其是农村人口高龄化的国家;后者则存在于包括我国在内的大量农业劳动力过剩的发展中国家。

农业劳动力资源的质量开发,一般是指为了提高农业劳动力资源的质量和利用效率而付出的费用,包括用于农业劳动力资源的教育、培训、医疗保健和就业等方面的费用。目前,我国的农业劳动力资源开发主要是指对农业劳动力资源的质量开发,尤其是对农业劳动力在智力和技能方面的开发。

2.农业劳动力资源开发的意义

随着农业现代化的发展,农业生产对科学技术人才和科学管理人才的需求越来越大,因而开发农业劳动力资源质量,提高农业劳动者的素质显得越来越重要。其重要意义主要体现在以下几个方面:

(1)农业现代化要求农业劳动力有较高的素质

在国外一些实现了农业现代化的国家中,农业有机构成与工业有机构成之间的差距在逐步缩小,甚至出现了农业有机构成高于工业有机构成的情况,因而对农业劳动力资源数量的要求越来越少,对农业劳动力资源质量的要求却越来越高。这就要求提高农业劳动者的科学文化水平和专业技能,以便在农业生产中掌握新设备和新农艺。

(2)科技投入在农业生产中的重要性日益提高,对农业劳动力素质提出更高的要求

农业生产的发展规律表明,农产品增产到一定程度后,再提高产量、提高投入产出的经济效益,就不能只靠原有技术,而是要靠新的科技手段。因此,要繁育农业新品种,改革耕作及饲养方法,提升控制生物与外界环境的能力,就必须对农业劳动力资源进行开发,以利于将现有农业生产力各个要素进行合理组合,选择最佳方案。

(3)农业生产模式的变革要求农业劳动力掌握更多的知识和技能

农业生产正在由自然经济向商品经济转变,并处于逐步走向专业化、社会化的过程中,需要掌握市场信息,加强农产品生产、交换和消费各个环节的相互配合,没有科学文化、缺乏经营能力是做不到的。这客观上要求对农业劳动者进行教育培训,提高他们的科学文化水平和经营管理能力。

(4)开发农业劳动力资源是拉动内需,促进国民经济进一步发展和农业可持续发展的需要

随着对农业劳动力资源开发步伐的加快,农民对教育的需求将会不断增加。为此,必须采取积极措施,发展面向农业劳动力资源开发的教育产业,增加农村人口接受各类教育和培训的机会,为农村经济的进一步发展培养出更多合格的有用人才。同时,大力开发农业劳动力资源,增加农业人力资本的积累,可以使教育成为农村新的消费热点,拉动内需,促进国民经济的发展。

3.农业劳动力资源开发的基本对策

(1)着眼于"三农"问题的解决,加强对农业劳动力资源开发的组织领导与管理协调

随着农村工业化、城镇化进程的加快,我国的农民正在经历着职业分化,有着更多的发展要求和发展空间。除一部分农民继续留在农村务农之外,大部分农民正由农业向城镇非农产业流动,由传统农民向现代产业工人转化。但由于转移的大多数农民不具备非农就业所必需的知识、技能和素质,客观上要求加大对农村人力资源的开发力度,以此提高农民的科技文化素质。为此,必须做好组织领导和管理协调方面的工作,建议成立由中央有关部门牵头的专门领导小组,作为农民教育培训的领导、协调机构;增加农村职业教育和成人教育

的经费投入,把农村职业教育和农民培训工作列入地方政府的任期目标和考核内容;下大力气实施农民培训工程,用5~10年的时间对16~45岁的农业劳动力群体进行一次全面的技能轮训;继续坚持农村"三教统筹"和"农科教结合",并进一步探索在新形势下的实现方式。

(2)加快体制创新,积极构建政府主导、面向市场、多元投资的农民教育培训体系

农民教育培训作为一项面广量大的系统工程,理应得到各级政府、各相关部门乃至全社会的共同关注和积极支持。政府部门作为教育的实施主体,应当从促进教育公平,关心弱势群体,构建和谐社会的战略高度出发,充分认识加强农民教育培训的重要性。在解决农民教育培训资金经费的问题上,各级政府应处于主导地位,同时也必须广开渠道,实行投资主体的多元化。首先是中央和地方财政要加大对农业劳动力资源开发的投入,提高教育经费占财政投入的比重,同时在教育经费的使用过程中,向农民教育培训投入适当倾斜。其次是国内、国外并重,吸引各方投入资金。国内要鼓励城市支持农村,东部支援西部,鼓励企业、投资者到农村和西部地区进行教育投资。国外要通过优惠政策,吸引国外政府、国际组织、企业家、华人华侨到我国农村开发劳动力资源,同时积极争取无偿援助、捐赠、低息贷款等,通过吸引多元投资方式推动我国农业劳动力资源开发水平的全面提高。与此同时,还要加快体制创新,完善培训体系,尽快建立与现代农业和农村经济发展相适应,以农民科技教育培训中心为骨干,以中高等农业院校、科研院所和技术推广机构为依托,以企业和民间科技服务组织为补充,以乡镇培训基地为基础的功能强大、手段先进、运转灵活的开放型、协同型的农民教育培训体系,按照新农村建设的要求,卓有成效地开展对农民的教育培训。

(3)在普及义务教育的基础上大力发展农村职业教育,重视技能型、应用型人才的培养。农业劳动力资源开发的首要任务是在农村普及九年制义务教育,消灭农村青壮年文盲。农村要把普及九年制义务教育作为当前劳动力资源开发的基础工程,力争在最短的时间内完成"两基"达标任务。在此基础上大力发展农村职业教育,加速培养留得住、用得上的技能型、应用型人才。这是符合我国农村实际的明智之举,也是在目前教育经费不足的情况下低成本、高效率开发农业劳动力资源,解决农村人才瓶颈的有效措施。因此,要立足农村经济社会发展、农民脱贫致富的实际需要,有针对性地开发农业劳动力资源,合理引导农村初中毕业生到农业职业学校学习,并通过实施助学贷款、创业扶持计划,对报考农业职业学校的农村青年或毕业后愿意扎根农村创业发展的毕业生给予适当的资金支持和相应的政策优待,以鼓励引导农村初中毕业生选择职业教育。农村职业教育的专业设置、课程体系、教学模式要有针对性,要立足学生生存本领、职业技能和致富能力的培养,通过与企业积极"联姻",了解用人单位的需求,按照就业岗位所需要的人才规格和能力素质进行订单式培养,防止教育资源的浪费。

(4)规范劳动就业准入制度,建立完善促进教育需求的动力机制,督促农民主动参与培训。为了提升农民的就业竞争能力,实现农业剩余劳动力的高质量转移,必须推行规范的劳动就业准入制度。一是要严格职业准入:要在确定的职业准入范围内,积极推行职业准入制度,逐步做到凡已公布实行职业准入的行业,农村青壮年劳动力如果没接受职业教育或培

训，没有取得相应的毕业证或职业资格证，就不能参加就业。二是严格年龄准入：我国目前每年新增500万~600万农业剩余劳动力，其中大多数是没有升入高中的初中毕业生，这些初中毕业生没有经过基本的职业培训就直接进入劳动力市场，给本已过剩的劳动力市场造成了更大的压力和混乱，也造成了人力资源的巨大浪费。对此，各级劳动部门、用人单位必须严格执行《劳动法》，对未成年的农村初中毕业生实行就业年龄限制，通过规范劳动准入制度，督促年轻农民主动参与职业教育和技能培训。

（5）加快农村社会保障制度建设，切实提高农业劳动力资源的保障水平

由于我国还存在城乡二元结构的制度性障碍，广大农民尚无法获得与城镇居民一样的社会保障，社会保障制度尚未覆盖广大农村。农民仍然是依赖于土地保障和传统的子女养老，这对于农村实现跨越式发展是一种巨大的障碍。因此，在国家层面必须加强规划，收入再分配方面向农村社会保险制度改革倾斜，尽快将农村社会保险制度建立起来。当前，农民迫切需要的是养老保险和医疗保险两大社会保险制度，对此可以根据我国的基本国情和农村实际，进行统一规划、分步实施，并使其逐步纳入国家社保体系，使农村人力资源的社会保障水平切实得到提高。具体来说，在养老保险方面，可以先实现较低水平的保障，争取用15~20年的时间分阶段纳入全国社会保障体系；在医疗保险方面，应首先解决大病医疗保险，其次在条件允许的情况下实行普通医疗保险，也争取用15~20年的时间，分阶段纳入全国社会保障体系。在条件许可的时候，再逐步建立其他社会保险制度，如生育保险、工伤保险、失业保险等，最终使社会保障制度覆盖包括农民在内的全国所有人口。

（三）农业劳动力资源的利用管理

为了充分合理地利用农业劳动力资源，需要积极促进农民的充分就业，提高农业劳动力的使用效率和经济效益，主要是提高农业劳动力资源的利用率和农业劳动生产率两个指标。

1. 发展农业集约化和产业化经营，提高农业劳动力资源的利用率

我国的农业劳动力资源十分充裕，而农业自然资源尤其是土地资源相对稀缺，同时对农业的资金投入不足，导致农业劳动力资源大量闲置，农业劳动力资源的利用率较低。从当前我国农业生产的情况来看，要提高我国农业劳动力利用率，主要应该依靠农业的集约化经营，增强农业生产对农业劳动力的吸纳能力。具体途径主要有以下几点：

（1）增加对农业的资金和其他要素投入，加强农业基础设施建设，为农业生产创造更好的物质条件。同时改变原有单纯依靠增加要素投入量的粗放型农业生产经营模式，促进农业劳动力资源和农业生产资料的更好结合，通过实现农业生产的集约化经营来增加农业生产的用工量，使农业劳动力资源得到充分利用。

（2）发挥资源优势，依靠农业科技，加快发展农业产业化经营，增加农业生产的经营项目，拉长农业生产的产业链条，吸纳农业劳动力就业。尤其是要发展劳动密集型农产品的生产，创造更多的农业就业岗位，使农业劳动者有更多的就业选择，增加对农业劳动力的使用。

（3）合理安排农业劳动力的使用，组织好农业劳动协作与分工，尽量做到农业劳动力资

源与各类需求量的大体平衡。要根据各项农业生产劳动任务的要求，考虑农业劳动者的性别、年龄、体力、技术等情况，合理使用农业劳动力资源，做到各尽所能、人尽其才，充分发挥劳动者特长，提高劳动效率。另外，要尊重农业劳动者的主人翁地位，充分发挥他们在农业生产中的主动性、积极性和创造性。

（4）对农业剩余劳动力进行有效转移，合理组织劳务输出。一方面，发展农村非农产业，实现农业剩余劳动力的就地转移，同时把农业剩余劳动力转移与城镇化发展结合起来，积极推动农业剩余劳动力向城市转移；另一方面，积极推动农业剩余劳动力的对外输出，利用国际市场合理消化国内农业剩余劳动力，这也是我国解决农业劳动力供求矛盾，提高农业劳动力资源利用率的一个重要途径。

2. 促进农业现代化，提高农业劳动生产率

充分合理地利用农业劳动力资源，还要提高对农业劳动力的使用效率，增加农业生产中劳动力资源投入的产出，即提高农业劳动生产率。影响农业劳动生产率的因素主要包括生产技术因素，即农业现代化水平，以及自然因素和社会因素。这些影响因素决定了提高农业劳动生产率主要有以下途径：

（1）充分合理地利用自然条件

所谓自然条件，是指地质状况、资源分布、气候条件、土壤条件等，这些是影响农业劳动生产率的重要因素。自然条件对农业生产有至关重要的影响，由于自然条件不同，适宜发展的农业生产项目也不同。以种植业为例，同一农作物在不同的自然条件下，投入等量的劳动会有不同的产出，也就是会有不同的劳动生产率。因此，因地制宜地配置农业生产要素，利用自然条件，发挥区域优势，投入同样的农业劳动力就可以获得更多的农产品，提高农业劳动的自然生产率，实现对农业劳动力资源的优化利用。

（2）提高农业劳动者的科技文化水平和技术熟练程度

劳动者的平均技术熟练程度是劳动生产率诸多因素中的首要因素，在农业生产中也同样如此。由于农业生产中的生产力提高和科技进步是以新的劳动工具、新的劳动对象、新的能源和新的生产技术方法等形式进入农业物质生产领域的，因而要求农业劳动者具备较高的科技文化水平、丰富的生产经验和先进的农业劳动技能。另外，农业劳动者技术熟练程度越高，农业劳动生产率也就越高。为了提高农业劳动者的科技文化水平和技术熟练程度，必须大力发展农业和农村的文化教育事业、科学研究事业以及推广工作。

（3）提高农业经济管理水平，合理组织农业生产劳动

要按照自然规律和经济规律的要求，加强农业经济管理，提高农业经济管理水平，使农业生产中的各种自然资源、生产工具和农业劳动力资源在现有条件下得到最有效的组合和最节约的使用，从而达到增加农产品产量、节约农业活劳动和物化劳动的目的，这对提高农业劳动生产率、合理有效利用农业劳动力资源具有重要作用。

（4）改善农业生产条件，提高农业劳动者的物质技术装备水平

农业劳动者的物质技术装备水平是衡量一个国家农业生产力发展水平的重要标志,也是提高农业劳动生产率最重要的物质条件。农业劳动者的技术装备水平越高,农业劳动的生产效能也就越高,而要提高农业劳动者的技术装备水平,就要发展农业科技。只有农业科学技术不断发展,才能不断革新农业生产工具,不断扩大农业劳动对象的范围和数量,从而提高农业劳动生产率。

(5)正确贯彻农业生产中的物质利益原则

在一定的物质技术条件下,农业劳动者的生产积极性和能动性是关系农业劳动生产率的决定性因素。在我国目前的社会主义市场经济条件下,人们劳动和争取的一切都与他们自身的物质利益直接相关,因此必须用物质利益来增强农业劳动者的积极性、主动性和责任心,这样才能更好地组织农业生产劳动,提高农业劳动生产率。

此外,建立健全完善的农业经济社会化服务体系,解决好农业生产过程中的系列化服务等,对提高农业劳动生产率也有重要作用。

第五章 农产品仓储及配送运输

目前,仓储配送物资的充分利用日益受到人们的密切关注,同时随着农业规模的不断扩大,人们对农业物资的需求量也在不断增加,这就对农产品仓储配送物资的管理工作提出了新的要求,进而提高了仓储配送物资周转率。基于此,本章对农产品仓储以及配送展开讲述。

第一节 农产品仓储概述

一、农产品仓储的概念

仓库指保管、储存物品的建筑物和场所的总称,可以是房屋建筑屋、大型容器、洞穴或者特定的场所等,其功能是存放和保护物品;库房指有屋顶和围护结构,供储存各种物品的封闭式建筑物;储存指保护、管理、储藏物品。农产品仓储就是指通过仓库对农产品进行储存和保管的过程。

二、农产品仓储的性质和作用

农产品仓储是农业生产的延续,同农业生产一样创造社会价值,农产品由生产地向消费地转移,是依靠仓储活动来实现的。农产品仓储具有专业性、特殊性、难度大等特点。其性质体现在农产品仓储是社会再生产过程中不可缺少的一环,在物流活动中发挥着不可替代的作用,是农产品物流的三大支柱之一。其主要作用体现在:

1. 空间效用

农产品生产与消费的矛盾主要表现在生产与消费地理上的分离。农产品生产主要在农村区域,而消费农产品的人则遍及整体市场。农产品仓储通过选择靠近人们生活区的位置建立仓库,防止人们在购买农产品时出现短缺现象,拉近农产品产地与市场的距离,为人们提供满意的仓储服务,体现明显的空间效益。

2. 时间效用

由于自然条件、作物生长规律等因素的制约,农产品的生产往往具有季节性,而作为生活必需品,人们的需求是常年的、持续的。为使农产品满足消费者的需求,生产经营者利用仓库储存农产品进行调节,以确保在生产淡季也能满足人们的日常需求,创造了明显的时间效应。

3. 调节供需矛盾

生产与消费的矛盾还表现在品种与数量方面。随着社会分工的进一步发展，专业化生产越来越广，人们都把自己的资源集中到生产效率最高的项目上，产品品种越来越集中，农产品生产者必须把农产品放到市场上进行交换来满足自己其他方面的需求，这就要求通过农产品仓储来调节生产与消费方式上的差别，解决供需矛盾。

4. 规避风险

市场经济条件下的农产品价格变幻莫测，经常给农产品生产经营者带来价格风险。为了对市场需求做出有效反应，生产经营者需保持一定的存货来避免缺货损失。另外，为了避免战争、灾荒等意外引起的农产品匮乏，国家要储备一些生活物资、救灾物资及设备。

5. 实现农产品增值

农产品仓储活动是农产品在社会再生产过程中必然出现的一种状态，是加快资金周转、节约流通费用、降低物流成本、提高经济效益的有效途径。搞好农产品仓储可以减少仓储过程中的农产品损耗和劳动消耗，从而降低物流成本，挖掘"第三利润"，实现农产品增值。

6. 流通配送加工功能

农产品仓库从储存、保管货物的中心向流通、销售的中心转变。仓库不仅要有储存、保管货物的设备，还要增加分拣、配套、捆装、流通、加工、信息处理等设施。这样既扩大了仓库的经营范围，提高了物资的综合利用率，又有利于销售和提高服务质量。

7. 信息传递（适用于现代化仓储管理）

在处理仓储活动各项有关事务时，需要依靠计算机和互联网，通过电子数据交换和条形码等技术来提高仓储物品信息的传递速度，及时准确地了解仓储信息。

三、农产品仓储的分类

（一）按农产品仓储经营主体划分

1. 农产品自营仓储

农产品自营仓储包括生产者和流通企业的自营仓储两种。生产者自营仓储是指生产者使用自有的仓库设施，对生产的农产品实施储存保管的行为，一般品种较少，基本上以满足生产需要为原则。流通企业自营仓储是流通企业自身以其拥有的仓储设施对其经营的农产品进行仓储保管的行为。

2. 农产品营业仓储

农产品营业仓储是仓库所有者以其拥有的仓储设施，向社会提供商业性仓储服务的仓储行为。仓储经营者与存货人通过订立仓储合同的方式建立仓储关系，并且依据合同约定提供服务和收取仓储费。

3. 农产品公共仓储

农产品公共仓储是公用事业的配套服务设施，为车站、码头提供农产品仓储配套服务。其主要目的是对车站和码头的农产品作业和运输的流畅起支撑和保证作用，具有内部服务的性质，处于从属地位。

4. 农产品战略储备仓储

农产品战略储备仓储是国家根据国防安全、社会稳定的需要，对战略物资实行战略储备而形成的仓储。战略储备仓储由国家政府进行控制，通过立法、行政命令的方式进行，由执行战略物资储备的政府部门或机构进行运作。战略储备特别重视储备农产品的安全性，且储备时间较长，主要储存粮食、油料等。

（二）按农产品仓储功能划分

1. 农产品储存仓储

农产品储存仓储是指农产品较长时期存放的仓储。储存仓储一般设在较为偏远但具有较好交通运输条件的地区，存储费用低廉。农产品储存仓储的农产品品种少，存量大。储存仓储特别注重两个方面：一是仓储费用尽可能地减少；二是加强对农产品的质量保管和养护。

2. 农产品物流中心仓储

农产品物流中心仓储是指以物流管理为目的的仓储活动，是为了实现物流的空间与时间价值，对物流的过程、数量、方向进行调节和控制的重要环节。一般设置在位于经济地区中心，交通便利、储存成本较低的口岸。基本上是较大批量进货和进库，一定批量分批出库，整体吞吐能力强，所以要求机械化、信息化、自动化水平高。

3. 农产品配送仓储

农产品配送仓储也被称为农产品配送中心仓储，是指农产品在配送交付消费者之前所进行的短期仓储，是农产品在销售或供生产使用前的最后储存，并进行简单加工与包装等。一般通过选点，设置在商品的消费经济区间内，进库批量并不大，但批次多而且需要进货、验货、制单、分批少量拣货出库等操作，其主要目的是支持销售和消费。特别注重配送作业的时效性、经济合理性和对农产品存量的有效控制。因此，农产品配送仓储十分强调物流管理信息系统的建设与完善。

4. 农产品运输转换仓储

农产品运输转换仓储是指衔接铁路、公路、水路等不同运输方式的仓储，一般设置在不同运输方式的相接处，如港口、车站等场所进行的仓储。它的目的是保证不同运输方式的高效衔接，减少运输工具的装卸和缩短停留时间，具有大进大出以及农产品存期短的特性，十分注重作业效率和农产品周转率，所以需要以高度机械化作业为支撑。

5. 农产品保税仓储

农产品保税仓储是指使用海关核准的保税仓库存放保税农产品的仓储行为,主要是对出口农产品或来料加工农产品进行存储的仓库。其一般设置在进出境口岸附近,受到海关的直接监控,保管人要对海关负责,入库或者出库单据均需要由海关签署。

四、农产品仓储的管理

农产品仓储管理就是对仓库及仓库内储存的农产品进行的管理,是仓储机构为了充分利用其所具有的仓储资源,提供高效的仓储服务所进行的计划、组织、控制和协调的过程。

(一)农产品仓储管理的目标

1. 合理的资源配置

根据市场供求关系确定农产品仓储建设,依据竞争优势选择农产品仓储地址,以生产差别产品决定农产品仓储专业化分工并确定仓储功能,进而决定农产品仓储布局,根据设备利用率决定设备配置等。

2. 高效的组织结构

仓储组织机构的确定需要围绕仓储经营的目标,以实现仓储经营的最终目标为原则。依据管理幅度和因事设岗、责权对等的原则,建立结构简单、分工明确、互相合作和促进的管理机构与管理队伍。

3. 低成本的运作模式

农产品仓储管理包括农产品入仓、堆存、出仓等作业,仓储物验收、理货交接、保管照料、质量维护、安全防护等。应充分利用机械设备、有效的管理手段,实现仓储快进、快出,提高仓储利用率,最终实现农产品仓储效率高、成本低。

4. 高品质的质量保证

农产品仓储管理的主要目的是提供高品质的产品,是仓储管理的根本要求和最终目的。应利用先进的保管技术,增强仓储管理,减少差、损、错事故,提供高品质的质量保证。

5. 高水平的经营管理

仓储管理要根据仓储企业的经营目的以及社会需求的变化而改变。仓储管理要从简单管理到复杂管理、从直观管理到系统管理,在管理实践中不断补充、修正、完善、提高,实行动态的仓储管理。

6. 高素质的员工队伍

仓储管理的一项重要工作就是不断提高员工的素质,根据企业形象建设的需要加强对员工的约束和激励。员工的素质包括技术素质和精神素质,通过定期的系统培训和严格考核,保证每个员工熟练掌握其从事劳动岗位应知和应会的操作以及管理技术和理论知识。

7. 最大限度地满足社会需求

农产品仓储管理要遵循市场经济的原则,按市场需要提供农产品仓储产品,满足农产品品种在规格、数量和质量上的需要,仓储管理者还要不断把握市场的变化发展,不断创新,提供适合经济发展的农产品仓储服务。

(二)农产品仓储管理的原则

农产品仓储管理的原则是保证质量、保证安全、低成本和规范作业。其中规范作业原则,是在农产品仓储业务中,按一定的规范对农产品进行保管,以提高作业绩效,方便保管运作。具体作业规范要求如下:

1. 面向通道

为使农产品方便搬运,容易在仓库内移动,应将农产品面向通道保管,同时也便于观察和识别物品。

2. 先进先出

仓储管理要体现存新推陈,对于易破损和易腐的农产品,应尽可能按"先进先出"的原则保证储存农产品的使用价值。

3. 对应出库频率

出货和进货频率高的农产品,即搬运次数高的农产品应放在靠近出入口和易于作业的地方,流动性差的放在距离出入口稍远的地方,季节性农产品根据其季节特性来选定放置的场所。

4. 同类归一

同种类、运送至同一区域的农产品,储存要求、物品性质及保管要求相似的农产品应在同一区域储存保管,以保证农产品的质量和管理效率。

5. 重量对应

应根据农产品重量和形状等因素来安排农产品的保管位置,一般应把比较重且抗压的农产品放在货架的下层,把比较轻且容易碎的农产品放在货架的上层。

6. 形状对应

根据农产品的包装形状确定存放的位置和保管方法,包装标准化的农产品放在货架上进行保管,非标准化的货物按对应形状进行保管。

7. 标记明确

对保管农产品的品种、数量及保管位置做明确详细的标记,以便提高农产品存放、拣出的物流作业效率。

五、农业科技创新与推广

农业科技是确保国家粮食安全的基础支撑,是突破资源环境约束的必然选择,是加快现代农业建设的决定性力量,具有显著的公共性、基础性、社会性。必须紧紧抓住世界科技革命方兴未艾的历史机遇,坚持科教兴农战略,把农业科技摆在更加突出的位置,下决心突破体制机制障碍,大幅度增加农业科技投入,推动农业科技跨越发展,为农业增产、农民增收、农村繁荣注入强劲动力。

(一)农业科技简论

"科技兴农,良种先行",种子是农业生产的基础,种子工作是农业中最具科技含量的领域。世界各国无不重视种子工作,种子已经成为国际农业竞争的焦点。国内外大量实践表明,品种的优良作用占40%~50%。农作物种子生产是连接品种改良和农业生产的桥梁,是把优良品种的增产增效潜力转化为现实生产力的重要措施。特别是近年来种子产业化发展十分迅速,同时大量有关种子生产的新理论与新技术研究成果不断涌现。从某种意义上讲:"一粒种子可以改变世界。"人们已经充分认识到种子在农业生产中的巨大作用是其他任何生产要素都无可取代的。抓种子,成本低,效益好,回报率高,抓住了种子就是抓住了农业关键的关键、要害的要害。

除种子科技创新以外,还有农业生物技术、信息技术、新材料技术、先进制造技术、精准农业技术、农业新型人才培养等方面进行科技创新,本节由于篇幅所限,仅以种子为例进行科技创新论述。

(二)种子繁育概述

种子生产又叫良种繁育。大田上应用的良种,一指优良品种,二指高质量的种子,也就是优良品种的优质种子。种子生产就是依据品种的繁殖方式,按照科学的种子生产技术方法,生产出数量和质量均符合要求的种子。在种子生产中,要求所生产的种子遗传特性稳定,产量潜力不会降低,种子活力得以保证,并要求繁殖系数高。所以它和一般的粮食生产不同。种子生产需要在特定的生态环境、特殊的生产条件下,由懂技术的人员直接进行或在专业技术人员的指导下进行。

种子生产是一项极其严格而复杂的工作,其主要内容包括:通过在当地进行品种比较试验和示范,或根据专家介绍、推荐,确定种子生产的对象,即生产哪些品种的种子,采取防杂保纯措施,保持种子的纯度和优良种性;有计划地建立种子生产基地,按照技术质量标准操作规程,实行专业化生产;做好田间检验和室内检验,保证种子质量;做好种子加工、贮藏与包装,提高商品种子的质量;依法进行种子经营和销售,把合格种子送到农民手中。

目前我国推广应用的种子分杂交种子和常规种子,杂交种子主要有玉米、棉花、水稻、高粱、油菜和部分蔬菜种子,其他作物的杂交种子也有少量推广。杂交种子利用的是杂交一代,下一年及其后不能在大田种植,繁殖生产技术要求较高,需要有一定条件的专业种子经营机构按照大田需要进行生产、包装、销售。目前这些杂交种子主要在甘肃、新疆、内蒙古、海南等省区繁殖。大田应用的常规种子主要是小麦、大豆、花生等作物,它们可以在大田生产上利用多年。所以农民专业合作社一般可以生产常规种子。常规种子生产是在保证品种优良种性的前提下,按市场要求生产符合质量标准的优质种子。其主要工作有二:一是加速生产新育成、新引进的优良新品种,以替换原有的老品种,实行品种更换;二是对于生产上已经大量应用推广并且占有市场的品种,有计划地安排生产良种或原种,防止种子混杂退化,及时更新生产用种,实现品种更新。这样有利于尽快扩大优良品种的推广面积,充分发挥优良品种的增产增效作用。在种子生产过程中,应采取科学有效的防杂保纯措施,以保持或提高品种的纯度和优良种性,尽可能延长优良品种的使用年限。在种子生产过程中,要根据当地的条件和实际情况,不断总结成功经验和失败教训,并及时适当进行试验研究,从理论和实践的结合上探索种子生产的新理论、新技术、新途径,以提高技术水平,提高生产应用效果。

(三)优良品种在促进农业生产发展中的作用

1. 提高单位面积产量

在增产的诸多因素中,优良品种的作用占很高的比例,施肥、灌溉、病虫害防治和除草等其他生产要素只有与优良品种相结合,才能充分发挥其最大的增产作用。

2. 增强抗灾能力和保持稳产性

选育推广抗病虫害和抗逆性强的品种与化学药剂防治相比,不需要增加任何生产投资,同时也不会污染环境,是保证农作物高产、稳产的一条最经济有效的途径。

3. 改善和保持优良品质

随着国民经济的发展,人民生活水平不断提高,对农作物品质的要求越来越高,尤其是在我国加入 WTO 后,为了提高我国农作物商品在国内外市场的竞争力,迫切需要培育推广优质品种。品质改良的特点是品质与产量并重,实现优质高产。这样才能使种子行业在国际、国内市场上不断提高竞争力,推动发展农村经济,提高农民收入。

随着优质、专用品种的育成,优质农作物品种基地的规模化生产及科研—生产—加工企业产业化经营模式的建立,我国农作物的商品率大大提高。

4. 有利于节约水资源

我国是一个水资源严重不足的国家,人均水资源仅为世界平均水平的 1/4,是世界最贫水的国家之一。尤其是我国小麦主产区北方冬麦区,春季干旱少雨,历来是小麦生产的最大制约因素。近年来,缺水形势更加严峻,冬春雨雪偏少,为了实现小麦丰产,过度开采地下水,使地下水位连年下降。因此,选育和推广抗旱品种,推广节水栽培技术已成为当务之急。随着小麦产业结构的调整和生产条件的改变,适宜旱肥地的耐旱品种已成为抗旱育种的主要目标。

5. 有利于保护生态环境

选育和推广抗病虫品种及抗旱节水品种,有利于保护生态环境。同时,为了控制环境污染,保持生态平衡,促进农业生产的可持续发展,应避免滥施化肥。目前我国约有 14 个省份的单位面积平均施氮量超过了国际上公认的上限225kg/hm,且氮肥的利用率平均只有35%左右,有些城郊蔬菜区和高产区则更低,仅为10%~20%,氮肥损失率在45%以上。因此,如何减少氮肥损失,降低成本,缓解环境压力,成为当前十分迫切的问题。

当然,优良品种的表现和效益还要取决于相应的耕作栽培措施。品种的优良表现是相对的,绝不是万能的。

(四)注重品种的合理利用

1. 品种的合理布局

不同品种适应不同的自然、栽培条件和耕作制度,必须在适应其生产发育的地区种植。所谓品种合理布局,是指在一个较大的区域范围内,根据土、肥、水、温等环境条件和品种特性,合理安排和配置优良品种,使生态条件得到充分的利用,使品种的增产潜力充分发挥出来,达到在大范围内稳定增产的目的。

2. 品种的合理搭配

在一个较大的地区范围内,在品种区域化的基础上,还要合理选用若干适应不同环境条件的优良品种,因地制宜地合理搭配,做到地尽其力、种尽其能,达到不同地区、不同地块都增产的目的。既要避免品种"单一化",又要避免品种"多、乱、杂"。

3. 良种生产和推广

在推广过程中必须做到良种、良法相结合。因为良种所表现出的高产、稳产、抗病、优质和生育期适宜等优良性状,是在一定的栽培条件下表现出来的,如果不具备相应的栽培条件,品种的优良性状就不能得到充分发挥。也就是说,良种是增产的内因,离不开与之相适应的外因,即适宜的生态环境条件和科学的栽培管理措施。所谓良种、良法配套就是因种施管、看苗促控,应用科学的栽培技术,使良种的优点得到充分发挥,缺点得到克服或弥补,把不利因素的影响降到最低,最大限度地发挥良种的增产作用。

4. 做好品种更新和更换工作

品种更新是指用提纯复壮或选优保纯的原种,替换生产上种植的已经混杂退化的相同品种的种子。如果在大田生产中种植混杂退化的多代种子,比种植经过去杂选优的原种将会减产5%~10%。因此,应有计划地进行提纯复壮,保证大田用种良种化或原种化,尽可能延长优良品种的利用年限。

防止品种发生混杂退化,及时进行种子更新,要坚持以预防为主。对于一个新品种,在刚开始推广时,育种单位一定要提供高纯度的繁殖种子,以供各用种单位和繁种单位进行保纯繁殖,来适应品种更换速度不断加快的需要。品种更换是指新育成或引进的优良品种替换生产上大面积应用的已经退化过时的老品种。

优良品种在推广应用过程中会发生混杂退化。其是自然变异、机械混杂和人工选择等引起的,所以为了延长优良品种的使用寿命,需要对其不断地提纯复壮,以确保种子的纯度和质量。

（五）搞好种子生产基地建设

繁育好的种子需要建立种子生产基地。因为它是在优良的环境和安全的隔离条件下进行的。随着农业种植结构调整，针对种子生产基地的建设与管理出现的新情况、新问题，及时做出相应的调整和改革，使种子生产基地的建设适应市场经济的潮流，才能建设好和管理好种子生产基地。

随着农民专业合作社的发展，专业合作社可以根据自身的需求繁育种子，也可以为其他单位繁育种子。这就需要推行合同制，预约生产、收购和供种。农民专业合作社建立种子繁育基地，其种子繁育的方法不应固守原来的"三圃制"，以采用"二圃制"或"一圃制"为宜。

过去应用的"三圃制"生产原种其周期长、生产成本高、技术要求严格。今后应把三圃制简化为"二圃制"，它比三年三圃制少一个株（系）圃，故又称为二年二圃制。该方法是把株（穗）行圃中当选的株（穗）行种子混合，进入原种圃生产原种，简单易行、节省时间。特别是对于种源纯度较高的品种，可以采取这种方法生产原种。

对于自花授粉的常规种子也可以采用"一圃制"的繁育方法。采用一圃制生产原种具有多个优点：一是生产周期短，加快繁种进程，能跟上时代的步伐；二是确保种性和纯度，达到种子标准，充分发挥其增产潜能；三是操作简便，省工、省时、成本低；四是节省种源，繁育系数高；五是减少繁种代数，延长品种使用年限。

（六）"一圃制"的技术方法

"一圃制"生产原种的技术程序可概括为"单粒点播、分株鉴定，整株去杂，混合收获"16个字。

采用一圃制生产原种时，应注意以下几点：

1. 选择种源

点播田用种必须是育种专家育的遗传性稳定的种子或原种，质量达到国家规定的相应标准。不能使用严重混杂退化的种子，并经过精选或粒选，最好使用包衣种子，以确保一播全苗。

2. 精细整地

点播田要选择土壤肥沃、地力均匀、排灌方便、栽培条件较好的旱涝保收田，并精细整地，施足底肥，防治地下害虫。

3. 播种规格

播种规格应根据不同作物、不同品种特征来决定。例如，繁育小麦品种，行距可以为25厘米，株距7~10厘米，特别是株距不能太小，否则不便单株选择、去杂去劣。在大面积应用时，最好使用穴播机播种。点播不宜过深，以3~4厘米为宜。要适时早播，足墒下种。若点播时墒情不好，播后要及时浇蒙头水。

4. 加强田间管理

在生育期间要根据苗情恰当采取"促、控"措施，并及时防治病虫害。既保证高产、优质，又要严防倒伏，并确保后期去杂。

5. 去杂去劣

在幼苗期和黄熟期，根据品种的特征特性进行分株鉴定。幼苗期鉴定幼苗习性、叶色、抗寒性等性状。黄熟期鉴定株型、穗部性状、株高、叶型、抗病性等。每个时期若发现有不符合本品种典型性的植株都要整株拔除，携出至田外处理。去杂去劣工作要反复进行，绝不能留一株杂株。成熟后混合收获即为原种。

6. 严防混杂

原种生产必须实行专业化，要有专人负责，严把质量关。在收获、脱粒、晾晒、运输和贮藏等过程中，要严防机械混杂，确保原种质量。

7. 繁育系数

点播田与种子繁育田的比例一般为1:60，繁种田与大田生产的比例为1:40。必要时原种也可直接用于大田。

（七）农业科技推广

提高农业科技水平与应用是发展绿色循环现代农业的战略措施，积极稳妥地将农业的二维结构（种植业、畜牧业）转变为三维结构（种植业、畜牧业、生物产业），是农业发展的方向。充分发挥各级农技推广机构的作用，着力增强基层农技推广服务能力，推动家庭经营向采用先进科技和生产手段的方向转变；引导高等学校、科研院所成为公益性农技推广的重要力量，强化服务"三农"职责，完善激励机制，鼓励科研教学人员深入基层从事农技推广服务；通过政府订购、定向委托、招投标等方式，扶持农民专业合作社、供销合作社、专业技术协会、农民用水合作组织、涉农企业等社会力量广泛参与农业产前、产中、产后服务。根据我国1号文件指示精神积极推广农业科学技术，使农业全面实现"九化""八节一降一减一低二提高加循环"，最终实现农业既全程绿色生产，又全程绿色循环。

第二节 农产品仓储保管的方法

一、常温储藏

常温储藏一般是指在构造较为简单的储藏场所，利用自然温度随季节和昼夜变化的特点，通过人为措施，引入自然界的低温资源，使储藏场所的温度达到或接近产品储藏所要求温度的一类储藏方式。常温储藏一般分为简易储藏和通风储藏库储藏。

（一）简易储藏

简易储藏是传统的储藏设施，包括沟藏、堆藏和窖窑藏三种基本形式，它们的共同特点是利用气候的自然低温冷源。简易储藏作为农产品储藏方式，有着悠久的历史，虽然受季节、地区、储藏产品等因素的限制，但其结构设施简单、操作方便、成本低，若应用时注意选择适宜的季节、方式，也可取得良好的储藏保鲜效果。此法常见于华中、西北、华北等地区。

1. 沟藏

沟藏又称埋藏，是一种地下封闭式储藏方式，根据储藏量的大小在地表按一定的长、（上、下）宽、深度要求挖成条状沟、一般横截面是上宽下窄的倒梯形，将产品按一定的方式堆放后，露地的顶部用聚乙烯塑料薄膜袋或秸秆等覆盖。沟藏主要是利用土壤的保湿性能维持储藏环境中相对稳定的温度，同时封闭式储藏环境具有一定的保湿和自发气调的作用，从而获得适宜的控制农产品质量的综合环境。

沟藏在晚秋至翌年早春低温季节易取得接近储藏要求的温度。沟藏的不足之处是不易通风散热，也不便于检查。南方地区气候湿润，冬季暖和，不易出现果蔬的冻害，用沟藏法易出现温度过高、湿度过大的情况而加重腐烂，因此不宜用沟藏法进行果蔬的储藏保鲜。

2. 堆藏

堆藏是将采收的农产品堆放在室内、室外平地或浅坑中的储藏方式。堆藏比沟藏更加简便易行，但受外界温度的影响也更大，因此主要用于耐储性较强的农产品，如大白菜、板栗等。

堆藏一般堆高 1~2 米，宽度 1.5~3 米，过高或过宽都不易通风散热，易造成中心温度过高而引起腐烂。这种储藏方式一般只适用于温暖地区的晚秋储藏和越冬储藏，在北方寒冷地区，一般只做预储或短期储藏。

3. 窖窑藏

窖窑藏是地下或丘陵中挖掘地窖或窑洞作为农产品储藏保鲜库的一种储藏方式。窖窑藏具有操作较方便、温度变化小、储藏期长和效果好的特点，是我国西北、华中地区常见的储藏方式，如四川南充储藏柑橘用的地窖，陕西、河南、山西储藏苹果、梨用的土窑洞。

与沟藏、堆藏相比，窖窑藏的优点是明显的，但挖掘不方便、造价高，而且要具备土质坚实的条件方可挖建。华南地区土质疏松，挖掘的窖窑不结实，一般不做储藏保鲜用。

（二）通风储藏库储藏

通风储藏库是在有隔热的建筑条件下，利用库内外温度的差异和昼夜温度的变化，以通风换气的方式来保持比较稳定和适宜的储藏温度的一种储藏场所。与简易储藏库相比，通风储藏库通气条件比较好，而且容量大，储期管理也比较方便，而与低温储藏库和气调储藏库相比，更具有造价低的优点。

1. 通风储藏库设计要求

（1）库址选择

1）地下水位。库址的地下水位不宜太高，最好选择一些高地建库，平地建库要求最高水位应距库底1米以上。

2）通风条件。通风储藏库要求通风条件良好，调节温度的过程要迅速。应选择地势开阔、通风好的小环境建库。

（2）保温要求

1）库的走向。北方地区主要考虑抵御寒潮，库的走向以南北向为宜，这样可以减少北方寒流的侵袭，防止产品受冻；而南方地区则以东西走向为宜，可以减少阳光直接照射，避免库温过高而影响储藏效果。

2）库的表面积。在定库的容积范围内，库的表面积越大，与库外大气温的接触面积越多，对库温的影响也越大，因此储藏库建筑应尽量争取大的宽度。目前我国通风储藏库的宽度为9~12米，库内高度在4米以上。大型的储藏库，应尽可能采用连接式的建筑，以减少库的表面积。

（3）建筑材料

建筑材料要求具有良好的隔热性能，以利于保温，同时要求建筑材料多孔、组织疏松、不易吸水、质轻价廉等。

2. 通风储藏库的管理使用

（1）储藏前应对储藏库进行清扫、通风、消毒及设备检查等。库内消毒可每立方米容积用硫碳粉10克进行燃烧熏蒸，关闭门窗48小时后开门窗通风，也可用1%浓度的福尔马林溶液喷布墙面和地面，密闭24小时后通风。消毒处理后通风2~3天，方可入库储藏。

（2）通风储藏库的管理主要是根据库内外温度的差异进行必要的通风换气。通风换气多在库内外温差大时进行，并掌握好通风时间和通风量，以调节库内的温、湿度。春秋季气温较高时，可在夜间进行通风降低库温；冬季寒冷季节则以保温为主，并适当做好换气排湿工作。

二、机械冷藏库储藏

机械冷藏是冷藏储存的一种，是在一个适当设计的绝缘建筑或设备中借机械冷凝系统的作用，将库内的热传到库外，使库内温度降低并保持在有利于延长农产品的储存时间之内。其特点是效果好，但费用较高。常见的有冷库、冷藏车、冷藏柜和电冰箱，一般多用于储存肉类农产品和鲜果类农产品。

机械冷藏库的使用效果与管理密切相关，具体管理如下：

（一）消毒

农产品腐烂的主要原因是有害微生物的污染，冷藏库在使用前必须将库内打扫干净，处理所有用具,再进行全面消毒。

(二)入库

农产品进入冷藏库之前要先预冷。由于果蔬产品收获时田间温度较高,增加冷凝系统负荷,若较长时间达不到储藏低温,则会引起严重的腐烂败坏。对已进行预冷的产品,可一次性入库,对未进行预冷的产品,则应分批次入库。对入库的农产品应用适当的容器包装,在库内按一定方式堆放,货与货之间留适当空隙。

(三)温度管理

温度对保鲜产品的保鲜效果往往起决定作用,农产品入库后应尽快达到储藏的适宜温度,并尽量避免库内温度波动。产品种类和品种不同,对储藏环境的温度要求也不同,如黄瓜、四季豆、甜辣椒等蔬菜在0℃~7℃就会发生伤害。冷藏库的温度要求分布均匀,可在库内不同的位置安放温度表,以便观察和记载,避免局部产品受害。另外必须及时除霜。

(四)湿度管理

绝大多数果蔬产品储藏的相对湿度要求在80%~95%,保持较高的空气相对湿度可以减少产品水分的散失,保持新鲜度,提高储藏保鲜效果。在冷藏库中要经常检查库内相对湿度,采用地面洒水、安装喷雾设备或自动湿度调节器的措施来达到储藏湿度的要求。

(五)通风换气管理

农产品储藏过程中会放出CO_2和乙烯等气体,当这些气体浓度过高时会不利于储藏。冷藏库必须要适度通风换气,保证库内温度均匀分布,降低CO_2和乙烯等气体浓度,达到储藏保鲜的目的。通风换气的频率要根据产品种类及储藏时间而定,时间通常选择在每天温度相对较低的晚上到凌晨进行,雨天、雾天等外界湿度过大时暂缓通风,在通风换气的同时开动制冷机以减缓库内温湿度的变化。

(六)冷库安全管理

随着人们对冷藏食品需求的日益增加,冷藏容量也逐年递增,与此同时,我国冷库存在的安全事故也频频发生。特别是火灾、氨泄漏事故等已成为当前冷库安全管理工作中亟须解决的问题,造成这些问题的主要原因是专职管理部门不明确;缺乏系统指导;企业对冷库安全管理不重视;制冷系统带病运转,等等。因此,必须重新认识冷库安全管理的重要性;建立符合现代企业要求的安全管理制度;定期进行安全管理的自我检查;制订氨泄漏应急预案,并定期开展安全演习等工作,努力提高冷库行业安全管理工作的水平。

三、气调储藏

气调储藏是现代储藏新鲜果蔬产品最有效、最先进的储藏方式。自20世纪四五十年代在美国、英国等国家开始商业运行以来,已在许多发达国家得到广泛运用。我国的气调储藏开始于20世纪70年代,经过30多年的不断研究探索,气调储藏技术也有了很大发展,现已具备自行设计、建造各种规格气调库的能力,气调储藏新鲜果蔬的数量不断增加,取得了良好效果。

气调储藏是调节气体成分储藏的简称,是以改变储藏环境中的气体成分来实现长期储藏新鲜果蔬的一种方式。一般来说,在一定范围内,高浓度的 CO_2 和低浓度的 O_2 可以抑制乙烯的生物合成,降低果蔬产品的呼吸强度,从而延长果蔬产品的储藏寿命。因此调节气体成分通常是增加 CO_2 浓度和降低 O_2 浓度。此外,还要根据储藏产品的特点和要求,对其他气体成分进行必要的调控,如乙烯等。

气调储藏是在机械冷藏基础上发展起来的一种储藏方法,与常温储藏和冷藏相比较,具有保鲜效果好、储藏损耗低、货架期长、保绿效果显著、产品安全性高等特点。实践证明,对气调环境反应良好的新鲜果蔬产品,运用气调技术储藏时其寿命可比机械冷藏增加1倍甚至更多。正因为如此,近年来气调储藏发展迅速,储藏规模不断增加。

气调储藏可分为自发气调储藏和人工气调储藏两种,通常的气调储藏指人工气调储藏。

(一)自发气调储藏

自发气调储藏是利用新鲜果蔬产品本身的呼吸作用降低储藏环境中 O_2 浓度,提高 CO_2 浓度的一种气调储藏方法。自发气调储藏方法简便,但要达到适宜的 O_2、CO_2 浓度水平的时间较长,运用时保持相对稳定的比例也比较困难,所以自发气调储藏的效果远不如人工气调储藏。

自发气调储藏在生产中的应用,如利用塑料袋或在塑料帐篷上嵌入具有特殊透气性的硅胶窗,入储一定时间后,随着产品的自身呼吸,不断消耗 O_2,释放出 CO_2,从而取得高浓度的 CO_2、低浓度的 O_2 的气调储藏条件,进而达到降低呼吸、延缓腐烂的目的。

(二)人工气调储藏

人工气调储藏首先具备机械冷藏库设备,其次是调节气体的设备及密封条件。气体调节设备包括:一是气体发生器。主要是产生 CO_2,消耗 O_2,达到高浓度 CO_2 和低浓度 O_2 的目的。二是 CO_2 吸附器。主要是除去产品呼吸所产生的 CO_2 及气体发生器产生的 CO_2,调节储藏环境中 O_2 的浓度。比较先进的气调设备还装备有乙烯脱除机、制氮机,以更迅速、更高效地降低 O_2 浓度、提高 CO_2 浓度,脱除乙烯,把储藏库内的各种气体组成控制在被储藏的果蔬产品所要求的范围内,充分发挥气调储藏的作用。

(三)气调储藏的管理

气调储藏的设计和建造遵循机械冷藏库的原则,其管理与操作在许多方面与机械冷藏相似,包括库房的消毒、入库后的堆码方式、温度与相对湿度的调节和控制等,但气调储藏系统更复杂,除具备隔热、控温、增湿功能外,还要求气密性好、方便取样检查和观察、具有对各种相关气体的强大的调控能力,重点加强空气洗涤、气体调节、封库和安全保障等关键环节的管理。

新鲜果蔬气调储藏时选择适宜的 O_2 和 CO_2 及其他气体的浓度与配比是气调储藏成功

的关键。气体配比的差异主要取决于产品自身的生物学特性。根据对气调环境反应的不同，新鲜果蔬可分为三类：一是对气调反应良好的种类，如苹果、猕猴桃、香蕉、绿叶菜类等；二是对气调反应不明显的种类，如葡萄、柑橘、土豆、萝卜等；三是介于两者之间，气调反应一般的种类，如核果类等。只有对气调环境反应良好和一般的果蔬种类才有进行气调储藏的必要和潜力。

四、农业经济发展趋势

（一）发展农业循环经济

农业循环经济实质上是一种生态经济，是对传统农业发展观念、发展模式的一场革命。发展农业循环经济，从根本意义上来说，是由农业产业自身的特点和发展规律所决定的。宏观层面，农业循环经济是遏制农业污染、发展农业的一种机制创新，是提高农业资源利用效率的机制创新。从农业生态文明角度看，有学者认为发展农业循环经济是确保农产品安全、建设农业生态文明最有效的路径，是实现农业生态环境友好、建设农业生态文明的最佳载体。农业循环经济是建设社会主义新农村的需要，中央在建设社会主义新农村规划中提出的生产发展、生活富裕、乡风文明、村容整洁、管理民主的社会形态，必须营造良好的农村生态环境，农业循环经济中的原则，则是保护农村生态环境的必要条件，因此离不开农业循环经济的发展。农业循环经济是在循环经济理念和可持续发展思想指导下出现的新型农业经济发展模式，它摒弃了传统农业的掠夺性经营方式，把农业经济发展与环境保护有机结合起来，从而成为农业经济和国民经济可持续发展的重要形式。

1. 政府引导农业循环经济的必要性分析

可持续发展始终是一个动态的过程，必须不断积极探索新的实现形式以适应经济社会的发展。正是在这样的背景下，近些年来各地方政府和国家有关部委都将目光聚焦在了农业循环经济，业界普遍认为追赶发展循环经济的时代大潮是农业可持续发展的迫切需要。

（1）农业循环经济是保持农业可持续发展的有效途径

1) 以现代化为目标的农业可持续性要求，将循环经济与农业相结合以改造传统农业

可持续发展既是现代农业的出发点，又是其最终的目标，未来农业发展的趋势就是建立在可持续性基础上的现代化农业，农业发展的可持续性是一个内涵丰富的概念。高旺盛教授指出，其主要体现为"三个可持续性"的协调发展，即生产持续性，保持农产品稳定供给，以满足人类社会发展对农产品的需求的能力。经济持续性，不断增加农民经济收入，改善其生活质量的能力，这主要体现于农村产业结构、农村工业化程度以及农民生活水平等方面。生态持续性，人类抵御自然灾害的能力以及开发、保护、改善资源环境的能力。这种能力是整个农业发展与经济增长的前提，没有良好的资源基础和环境条件，常规式的现代农业就会陷入不可持续的困境之中。

然而，传统农业已不能同时满足生产持续性、经济持续性和生态持续性，尤其是在保护

农业资源和环境方面显得无能为力甚至产生负面影响。在我国，传统农业生产的初级产品经过加工后，作为商品开始流通，在完成使用和服务价值后，部分商品变成垃圾，加剧了农业面源污染。循环经济源于可持续发展，它是人类发展到一定阶段受自然"胁迫"后反思的结果，发展循环经济就是对可持续发展道路的探索。而针对传统农业所进行的现代化改造，正是循环经济在农业领域展开探索的时代背景和阶段特征。只有在这个特定的阶段，农业循环经济的一系列思路和理念才能在保持农业可持续性和发展现代化农业的目标中发挥最大效用。

2）循环经济适应农业可持续发展的内在要求，是积极、和谐地实现资源、环境与社会经济的可持续发展

农业作为直接利用自然资源进行生产的基础产业，是人类对自然资源与生态环境影响最大、依赖性最强的产业。农业可持续发展的核心是保护农业资源与环境，农业要实现可持续发展，很重要的一点就是实现资源的可持续利用，这也是本质所在。农业循环经济以资源的高效利用和生态环境保护为核心，以"减量化，再利用，资源化"为原则，如畜禽养殖冲洗用水可用于灌溉农田。也就是说，农业循环经济在资源利用方面强调利用自然生态系统中各要素的特性，形成空间上多层次和时间上多序列的立体多维的资源利用系统。

（2）发展农业循环经济有利于促进农民增收

"农民收入是衡量农村经济发展水平的综合指标，是检验农村工作成效的重要尺度。农民收入增长缓慢，不仅影响农村经济的发展，而且制约着工业品市场容量的扩大，不利于整个国民经济的发展。"解决农民增收问题的思路不创新，不下大力气缩小城乡贫富差距，就不可能为我国的加工业和服务业提供大的市场，国内巨大的潜在消费能力就难以真正释放，平稳或较快的经济增长就难以保持。

1）有利于大大提高农业资源利用率，节约农民生产性开支，变废为宝

稀缺性、有限性是农业资源的特点，在客观上要求农业各项生产活动都必须十分珍惜利用农业资源，充分开发利用农业有机资源，尽可能提高农业资源的利用率，做到"吃干榨尽"。农业循环经济通过生物之间在生态链中的各个营养能级关系，相应地使剩余农业有机资源转化为经济产品，投入农业生产过程，替代或增加新的生产要素，使农民获得经济效益，增加农民收入。

2）有利于适度规模化生产经营的形成，变"粗放型"为"集约型"农业生产方式

尽管生态效益和经济效益同为政府和包括农民在内的社会公众所关心，但是在市场经济条件下，一种农业模式能否得到推广，关键还是在于它能否带来经济效益。农业循环经济要求根据区域农业资源优势、产业结构特征以及废弃物特征和分布状况，实现区域范围的大循环，这无疑将加快由家庭小生产经营向集约化、规模化大生产经营方式转变，"集体化"可以提高农作物的单位产量，增加农民的生产性收入，并可以解放大量劳动力向城市和农村非农产业转移，增加农民收入的来源形式。例如在各地蓬勃发展的生态农业旅游、农家乐等都为农民致富开辟了广阔天地。促进农业生产规模化经营不仅可以降低农业生产的成本，增

强农业抗风险能力,提高农业生产的经营效益,同时"还可以将市场竞争中长期处于弱势地位的单个农民变为真正具有市场竞争和博弈能力的市场主体,增强农民的市场谈判能力,有效地保护农民权益",降低农民的交易成本,增加农民收入。

3)有利于促进农民就业,带动人力资源开发

笔者依据循环经济原理来分析农业循环经济促进农村人口就业的运行机制。循环经济要求各类产业或企业间具有产业关联度或潜在关联度,能够在各产业间建立起多通道的产业链接,实现产业或企业间的能源共享;提高供应链管理的水平,通过核心业务的选择和调整,进行有效的产业链整合,从根本上提高生产和服务的效率,减少能耗,提高产品和服务质量,提升核心竞争力。产业链的整合会促进产业的延伸和产业间的融合,促使第三产业向第一产业和第二产业的延伸和渗透,以及工业、农业、服务业内部相关联的产业融合会提高竞争力,适应市场新需要。

因此,发展循环农业,通过产业链整合促进产业间的延伸整合,可以使内生就业机会增加,有效解决农民就业问题。农业循环经济要求农业生产是产业化的生产,形成一个良性运转的"产业链"或"产业网"。这提高了农业生产效率和人才资源配置效率,增加了农业就业机会。农业循环经济的发展还扩大了劳动密集型的园艺、畜牧、农产品加工等优势产业的规模,可以吸纳更多农村劳动力就业。

2.政府推动农业循环经济发展的对策措施

(1)制度建设是发展农业循环经济的基础

1)推进农业循环经济法治建设

实践证明发展循环经济的主要杠杆,一是靠经济、价格政策,二是靠法律法规,即法律规范机制,就是说要用立法方式加以推进,才能事半功倍。循环经济无论作为一种经济理论还是一种现实的经济模式,要在全社会范围内深入人心,要建立农业循环经济体系,实现农业可持续发展,就必须建立一个强有力的法律支撑系统、一个规范的行为准则、一个明确的导向系统。发展农业循环经济是一场变革传统生产方式、生活方式的社会经济活动,需要明确的导向。没有明确的思想和价值观念为其指明方向,没有可靠的行为规范、行为准则来统一其行动,发展循环经济就会陷入混乱。因此,必须加强农业循环经济立法。也只有通过立法,才能把循环经济从一种经济理论转变为人人都能遵守的行为规范。目前,在农业循环经济发展方面,相关的法规制度还十分薄弱,因此,加快有关农业循环经济法治建设工作是当务之急。应建立和完善农业生态环境保护法、农业废弃物无害化处理与利用标准、绿色农产品认证制度、市场准入制度、生态农业补偿制度以及生态农业发展的激励政策与机制。

法律具有强制和教育、引导的功能。加强农业循环经济立法,可通过发挥法律的强制作用,扭转农民陈旧落后的思想观念,提高其环保意识,使其逐渐抛弃自私自利的小农思想,用长远的眼光看问题,杜绝短期行为。同时,农业循环经济立法还可以充分发挥法律的引导功能,通过规定经济激励制度、技术支撑制度、信息服务制度及政府的职责等内容,帮助农民解

决发展循环经济过程中遇到的资金、技术、信息等问题,化解发展农业循环经济可能给农民带来的风险,消除他们对发展农业循环经济的顾虑。

坚持循序渐进和因地制宜原则。全国性农业循环经济立法要兼顾我国区域发展差异条件下的不平衡性,地方性的农业循环经济立法要因地制宜,结合法律的前瞻性和可操作性,结合本地区的农业资源和生态资源情况、农业生产力发展水平,做到科学立法,增强立法的质量与效益。坚持政府引导和市场推进相结合。农业循环经济的发展要遵循市场经济规律,充分发挥市场经济所具有的市场联系、产品选择、收入分配、信息传递、经济引导与刺激、促进技术研发、供求总量平衡、促进政府执法方式转变和提高执法效能、促进贸易与经济发展等功能。但市场经济的这些功能具有互动性和自发性,互动性和自发性如不受政府的合理干预就会产生市场失灵的问题。因此发展农业循环经济,必须强调政府适度的服务性、技术性和政策性引导甚至强制干预功能。在农业循环经济立法中,要把市场推进与政府引导结合起来,既要解决农业循环经济发展过程中市场失灵的问题,还要解决历史上形成的政府干预过度问题,不能越俎代庖,做一些市场机制就能解决问题的事情。

坚持农业自然资源的开发利用和保护相结合的原则。自然资源是农业生产赖以发展的物质基础,丧失了自然资源,就丧失了农业的劳动对象,也就无法进行农业生产;农业自然资源受到破坏,就会影响农业生产的持续稳定发展。因此,必须合理利用并注意保护农业资源,才能保障农业的发展,对于开发利用农业自然资源的各种活动,必须加强监督管理。按照生态经济规律的要求,合理开发利用自然资源,并在开发利用过程中,保护好农业自然资源和农业环境,这是促进农业生态系统良性循环,实现资源永续利用的关键所在。

2)建立政府经济激励机制

法律法规体系的建立和完善能够为农业循环经济的发展提供坚强有力的后盾支持,做到有法可依、有据可循;能够规范各行为主体之间的关系。"但法律法规并非循环制度安排的唯一内容,西方国家的循环经济实践表明,经济手段同样有十分重要的作用。"农业循环经济必须遵循市场经济一般法则,其主体是企业和农户。"经济人"的天然属性要求经济行为必须有利可图,"事实上,无论是传统经济中企业的逐利行为造成的负外部性,还是实施循环经济后所形成的正外部性(生态环境效益),都可通过经济手段予以内部化。由于企业具有天然的'经济人'特性,使用经济激励可能比强制性制度获得更低的交易成本和更高的效率"。

(2)政府生态服务职能是引导农业循环经济的保障

在我国现代政府范式系统中,生态服务型政府范式被视作服务型政府观念范式的具体表现形式,它是作为观念范式的"服务型政府"和作为操作范式的"生态型政府"相互嵌套和相互契合的产物。"而所谓生态型政府就是指以实现人与自然的自然性和谐为基本目标,将遵循自然生态规律和促进自然生态系统平衡作为其基本职能,并能够将这种目标与职能渗透与贯穿到政府制度、政府行为、政府能力和政府文化等诸方面之中去的政府。"因此,政府引导农业循环经济发展,政府本身应积极构建包括"生态服务型政府"内涵在内的服务型政府,完善政府生态服务职能。换句话说,政府生态服务的价值观念是政府生态服务实现的首要前提,也是政府生态服务实现的规则制度和操作理念及行为的内在灵魂。

从另一个方面来看,市场机制是农业循环经济运行的基础性制度机制,但农业循环经济并不是为经济而经济,它之所以优越于传统的农业经济发展方式,就在于其内含的生态价值导向。一方面是遵循市场经济的价值规律以使农业循环经济获得强大的生命力,而不至于仅仅停留于对改善环境的美好的理论想象;另一方面,存在于社会认可的经济价值背后的生态价值是农业循环经济发展模式的真正根基。正是如此才使农业循环经济从短期的经济利益出发,又超越经济利益而兼顾子孙后代赖以生存的生态环境。这样,政府的生态服务职能在农业循环经济生态价值发挥过程中起到关键的主导作用:一是农业生态环境作为比较典型的公共物品,具有广泛的公共意义,明显体现出社会的整体利益、公共利益和长期利益,而作为其他个人与组织都不具比较性的公共代表性的政府就必须承担相应的责任。二是农业生态环境问题本身存在一定的跨区域性,其他组织和个人的合法性与强制性以及宏观调控能力都无法和政府相比。三是生态公民社会的成长、企业生态责任感的增强还不足以取代政府在生态环境治理中的主导地位。相反,农业循环经济相关企业的生存成长、非政府生态组织的发育发展、公民的生态治理与意识、教育熏陶还需要现代政府发挥特有的培育、倡导和组织作用。四是我国大多数公民视政府为自己依靠的依赖性政治文化环境,更是需要政府在生态环境治理中居于主导地位和发挥主要作用。

(3)引导农民积极参与发展农业循环经济

马克思主义认为,人是一切经济社会发展的主体。人自由而全面发展,是人类社会发展的终极目标。建设社会主义新农村,人是第一资源,没有农民素质的现代化,就不可能有农业和农村的现代化。

1)转变农民的思想观念,促进农业循环经济理念扩散,推广观念更新是发展农业循环经济的重要前提

农民的思想意识和价值观直接影响着农业经济的发展。要转变农民传统、保守的思想观念,树立循环农业发展观念,增强广大农民实施循环农业的积极性和自觉性,为循环农业的实施提供强大的社会基础。因此,在农业教育、宣传中,要将转变其思想观念放在首位,应适时引导他们抛弃传统的小农意识,走出安于现状、不思进取的误区,自己融入发展市场经济和建设现代农业的大潮,使之感到只是经济时代已经到来,生产劳动不再是单纯的体力消耗,而是"技能+体能""知识+勤劳"的复合性支出。同时,使他们明白,随着日新月异的科技进步、突飞猛进的世界经济发展,唯有不断接受教育,积极学、用现代科技,才能跟得上社会发展的节拍。要加强对农民的宣传教育,增强农民的资源忧患意识和环保意识,普及循环经济知识,逐步培养起节约资源、保护环境的生产方式和生活方式。

发展循环农业,需要农业劳动者不断学习新知识、掌握新技能,这就要求农民群众树立"终身学习"的理念。当前,农村人力资源开发的一个重要任务是培养农民的学习习惯、再学习能力,培养学习型的农村社会、学习型家庭,让农民经常学习、科学劳作,增大劳动中的

知识含量,通过学习指导日常工作,从而减少各种损失,提高效益。

农业循环经济是知识经济。农民群众还要树立"知识致富"的理念。21世纪知识就是经济,谁拥有了知识,谁就拥有了财富。没有知识的土地是贫瘠的,农业人类资源开发,就是要让农民掌握知识、运用知识、耕耘土地、创造财富。开发农民的潜能,在生产中,变"体力劳动为主"为"脑力劳动为主",运用各种工具辅助劳动,运用各种知识指导劳动,知识致富。

直接面向农民群众的基础,领导干部在转变农民思想观念上具有表率作用。在农村现实生活中,一旦正确的政策路线确立后,干部队伍便起着关键性作用。他们直接影响着政策路线的正确实施。因此,转变落后的思想观念,首先是要转变农村干部的思想观念。各级干部要以科学发展观为指导,辩证地认识知识经济增长与环境保护的关系,转变把增长简单等同于发展的观念。在发展思路上要彻底改变片面追求GDP增长而忽视资源和环境问题的倾向,树立资源意识和环保意识。要深刻认识发展农业循环经济对于落实科学发展、实现经济和社会可持续发展、全面建成小康社会的重要性、必要性和紧迫性,牢固树立农业循环经济的发展理念。

2)继续加大农村人力资源开发投入力度

"在同等条件下,一个具有较高人力资本的农民与土地、自己结合便能够产生更多的产品,创造更多的财富,进而更多地增加农民的收入。人力资本低,产出效率必然低,从而影响农民收入。"政府要加大对农村人力资源建设的投入,在经费上给予大力支持。要增加教育投资力度,继续提高国家财政的教育经费支出比重,使教育费用支出增长率高于国家财政支出增长率。鼓励社会增加教育投入,尤其是鼓励和宣传一部分富裕农民集资捐助教育,为农村教育筹集大量资金,提高个人、家庭对教育的投入。同时,政府为农民提供入学贷款、为大学生到农村创业提供融资、信贷等优惠。此外,政府也应加大对农村卫生、医疗、保健等方面的资金投入,努力改善广大农村地区的自然条件、医疗卫生条件等,为农民身体素质的提高提供资金保证。

农民提高认识、转变观念、参与农业循环经济发展,需要的是信息的充分供给。政府必须对现有农业信息传播体系进行集成整合,完善农业循环经济信息网络建设,提高网站质量,扩充信息量,让农民与时俱进;要加强信息标准化建设,构建智能化农村社区信息平台,促进循环农业信息资源共享和开发利用,全面、高效、快捷地为农民提供信息咨询服务;促进农村信息化进程,加快信息进村入户,把政府上网工程的重点放在村组两级,不断提高农村基层适应市场,把握农业、科技发展前沿动态的能力,增强其参与农业循环经济发展的积极性和自觉性。

3)建立农民群众投身循环农业发展的激励机制

农村广大农民群众的积极参与,是循环农业健康发展的重要保证。我国自20世纪80年代初推行家庭联产承包责任制以来,许多农村地区长期处于无人管状态,农民各自为政,农业生产无序,水利、机耕路长期失修,农田高度分散得不到有效整治,农业资源得不到充分有效利用,农业生产环境恶化,尤其在集体经济完全瓦解的贫困乡村。发展循环农业,号召农民加入循环农业生产,除依靠农民自身的觉悟及个体积极性以外,还必须通过农村社区、乡村集体及农民自己的合作组织,建立一套激励机制与规章制度,把农民群众吸引到循环经济发展道路上来。

一是建立村规民约,实行环境保护责任制,规范村民的生产生活行为,增强广大农民群众的生态意识,引导他们进行积肥还田,对生产生活废旧物品进行分类收集和处置,人人养成良好的生产生活习惯,推进农村循环型社会形成。二是设立乡村社会收旧利废中心或回收站,对乡村居民的废弃物进行有偿回收利用。三是设立乡村社区循环农业技术服务社,推进循环农业技术入户,为村民提供循环技术利用辅导。四是在物质和精神上,对努力实践资源循环利用的村民进行激励,给予他们一定的生产、生活、养老、医疗、设施建设投入等补助。五是投资乡村基础设施建设,资助村民兴建沼气池、地头水柜及太阳能、风能、水能、地热等节能设施,科学进行改舍、改水、改厨、改厕,促进广大乡村居民充分利用生产生活人力、物力资源以及时间、空间,建设新村,改变旧貌。

(4)完善农业循环经济技术推广服务体系

农业循环经济科技推广体系对于农业新技术的大面积推广应用所起的作用是无可替代的,进一步推动循环农业科技进步,必须对农业技术推广服务体系进行优化,完善其农业技术推广功能,促进农业科技成果向农业生产力的转化。循环农业科技推广体系具有不可替代的公益性职能,承担着农业科技成果转化、实用技术推广应用和指导、组织农业标准化生产、推动无公害及绿色食品发展、加强农业质量检验监测以及开展农民素质培训等重要职能,是实施科技兴农战略的主要载体和推进农业技术成果产业化的基本力量。由政府建立一支履行公益职能的推广队伍,是我国循环农业技术成果产业化的客观需求,也是各国农业发展的共同经验。因此应首先强化政府事业单位作为循环农业技术推广主体的作用,在此基础上建立健全由科研部门、高等院校、科技企业、农民合作组织、科技示范户等多个主体共同构筑的多元化农业科技推广网络体系。

(二)农业的产业化经营

农业产业化经营的实质就是用现代科技改造传统自给自足的小农业,用管理现代工业的办法来组织现代农业的生产和经营。农业产业化经营必须是以家庭联产承包责任制为依据,以农户为基础;以国内外市场为指向标,运用市场自有机制调节农业生产;以经济效益为中心,不仅是提高农业产业化经营组织的经济效益,更要带动农户的经济增长,通过规模化经营,双方都获得规模经济;依靠龙头企业或中介组织的带动作用,农业再生产过程中的产前、产中、产后诸环节形成一条产业链,建立一个"利益共享,风险共担"的完整农业产业经营体系。

1. 农业产业化经营的兴起

(1)农业产业化经营是社会主义市场经济发展的必然产物

第一,农业生产向广度、深度发展,必然要求优化农业资源配置,提高农业生产要素的利用率。优化资源配置，就是在工农业之间、地区之间、农业主体之间配置有限的资源。配置得好，农业生产效率就高，生产发展就快；反之，效率就低，发展就慢。农业产业化就是遵循市场经济规律，以国内外市场为导向，利用深层机制优化配置资源，最大限度地发挥农业资源的效力。

第二，农业产业化经营就是在经济价值规律的作用下，合理配置城乡资源，促进深层要素的优化组合，从而通过产业统筹，推进城乡经济社会统筹协调发展，推进农村城镇化进程。产业链各主体之间合理利用各种资源，节约人力、财力，是提高资源利用率和劳动生产率的有效途径。

第三，农业专业化分工需要进行农业产业结构调整，进而推进农业产业化经营的形成。在市场经济体制下，农业企业要对投资的最终效果负责，这就迫使决策者必须深入市场调查，密切注视市场动态，根据市场需要来决定投资的方向和规模。作为宏观管理者的政府，也根据市场供求关系变化的信息来制定调控政策和措施，使调整的决策与实际市场相吻合，以有效地减少和避免产业发展的盲目性，使农业产业结构大体上能保持动态的协调平衡，从而推进农业内部专业化生产的提高，推进农业产业化经营的发展。

第四，农业向现代化迈进，呼唤组织制度创新。社会生产力的发展和进步客观上要求社会生产方式的不断调整和变化，农业产业化经营是适应市场经济发展要求的农业生产经营组织形式和制度的进步，是社会生产力和生产关系矛盾运动的必然结果。

（2）农业产业化经营是产业发展的必然趋势

经济发展的重要前提是产业结构优化，而产业结构优化需要具备两个基础条件，一是产业结构优化设置应适应其自身演进规律，二是产业结构优化调整应以其自身变化趋势为基础。产业结构从低级到高级演化是特定条件下存在的一种必然趋势。

长期以来，农业之所以属于弱势产业，是因为农业仅限于从事初级产品生产；滞留隐患性失业即剩余劳动力过多。农业产业化经营通过发展集约高效的种养业、农产品加工业和运销业，延伸和扩展产业链，可以吸纳相当多的农村劳动力就业，创造价值，增大农产品附加值。同时，城市里的农产品加工业及其他劳动密集型产业向农村转移，为农村发展第二、第三产业提供更多机会。乡镇企业以着重发展农产品加工业和运销业为战略方向，适当集中，并与小城镇建设结合，从而形成众多强有力的经济增长点，转移更多的农业劳动力。在相同条件下，农业占用劳动力越少，农业劳动生产率就越高，这是现代农业发展的一般规律。现代科学技术广泛运用于一体化系统再生产的全过程，使农业生产率增长超过工业生产率的增长，大大提高了农业的比较效益，为农业由弱势产业向强势产业转变创造了广阔的空间和现实的前景。各地先行者取得的良好绩效证明，农业产业化经营是高效益的，农业可以转变为强势产业。产业发展理论给农业产业化经营发展提供的理论依据是：农业产业化经营是推进农业由低级向高级进步的重要手段，产业的发展规律要求农业产业化经营必须站在现代经济的角度发展农业。

（3）农业产业化经营是农村改革与发展中矛盾冲突的必然结果

由于农业产业化经营发端于农产品"卖难"，根源在于农产品流通体制。所以，分析农业产业化经营要从农产品流通体制剖析入手。

中华人民共和国成立以来，我国的农产品经过短短几年的自由购销形式之后，政府相继提出统购统销、合同派购、议价收购等政策。实际上，在中华人民共和国成立以后很长时间内，国家一直把统购、议购、派购作为农产品收购的基本形式，再加上国家统一销售、调配农产品，这就形成了传统农产品的产销形式。

这种高度集权的农产品购销政策是国家在特殊的历史背景下采取的特殊政策，对国家掌握必要的物资、稳定市场物价、保证人民生活的基本需要和进行社会主义建设都发挥了重要的积极作用。但由于这种购销体制违反了自愿原则和等价交换原则，暴露出对农民和经营者"统得过死"等弊端，不利于发挥他们的主观能动性，严重剥夺了农民利益。

农村普遍推行家庭联产承包责任制，重建了农户经济，确立了农户作为农村市场经济微观主体的地位。这极大地解放了农村生产力，使我国农业实现了巨大的飞跃。同时，农产品统派购制度缺乏存在的基础，成为约束农村经济发展的一个因素。购销体制改革成为国家的必然选择。但随之也出现了新的问题：与农村经济市场化程度的提高、农产品消费市场的扩大及农户生产组织的日趋健全和稳定相对照，农产品流通主体结构的改革还是大大滞后于生产经营制度的变革和消费结构的转换，也滞后于商品流通体制中价格体制和购销体制等方面的改革。这种滞后性突出表现为两大问题：一是千家万户分散的小生产和越来越连通一气的大市场之间的矛盾，真正能代表农民利益把农户和市场连接在一起的流通中介组织严重不足，在很大程度上是农民自己去销售自己的农产品。另外，由于传统农业以追求高产为目标，对农产品的市场需求及与此相联系的产品质量和经济效益考虑不够，再加上农作物集中产出与均衡消费的内在矛盾，随着农产品供给形势的好转和社会需求结构的变化，农产品的产销矛盾变得日益突出。农户面对瞬息万变的市场，始终无法摆脱"买难""卖难"的交替困扰。二是农业的生产率和比较效益都较低，使农业在整个市场竞争中处于弱势地位。集中表现在农业生产方式落后，对农业的资金、技术投入不足，产品科技含量低，多数农产品还处于卖原料阶段，加工增值利润外溢，产业链条短，难以形成专业化生产，农业增产不增收，阻碍着我国农业和农村经济整体继续向前推进。

为有效解决上述问题，必须有一种符合社会主义市场经济要求的能够整体推进农业和农村经济改革与发展的思路。一方面，为了增强农户抵御自然和市场双重风险的能力，除对原有的流通系统进行改造重组、打破其封闭性、增强开放程度外，还必须培育新的流通组织，把分散的家庭经营同集中的市场需求有机联系起来，引导、组织和带动农户进入市场，帮助农户克服自然风险和市场风险，促进小生产向社会化生产转变。另一方面，还必须创造一种崭新的经营方式，把分散的小规模生产与健全的社会化服务结合起来，以形成不改变家庭经营格局的规模经营和规模效益；把传统的生产方式与现代的科学技术融合起来，以加速农业现代化进程；把农产品生产与农产品加工、运销联结起来，提高农业的综合效益，增加农民收入。在这样的背景下,农业产业化经营应运而生,它是我国农村的又一个伟大创举,在农业生产、流通、增产、增收等方面发挥了巨大作用。

2. 农业产业化经营存在的主要问题

从总体上看,我国农业产业化经营还处于初期阶段,制约农业产业化发展的因素还不少,主要表现在以下五个方面:

(1)龙头组织整体竞争力不强

一是规模小,竞争力不强。目前,我国农业产业化经营组织中销售收入500万元以下的占40%左右。全国7.2万个龙头企业年销售收入总额还不及世界前两家农产品加工企业菲利普·莫利斯公司和雀巢的年销售收入之和。二是加工率低,粗加工多,精深加工少,项目单一、趋同,低水平重复建设,农业产业链条短,农产品加工率不到发达国家的50%。三是农产品加工增值少。发达国家农产品加工业产值与农业产值比重为3:1,我国为0.8:1。四是装备落后。我国农产品加工企业的技术装备水平80%处于20世纪80年代的世界平均水平,15%左右处于90年代水平,只有5%达到国际先进水平。五是龙头企业实力弱,牵引力不强,辐射带动面小,尚有63%的农户未参与农业产业化经营。

(2)参与农业产业化经营的程度低

全国还有近2/3的农户未能通过参与农业产业化经营增加收入。农民专业合作经济组织发展缓慢,聚合效应差,中介桥梁作用没有很好发挥。目前加入各类合作组织的农户不到全国农户总数的5%,且其中有50%以上的农民专业合作经济组织是没有产权关系的松散型自我技术服务性团体,难以适应市场经济发展的经济全球化趋势。

(3)运行机制不完善

在农业产业化经营组织系统内,管理不规范,相当多的龙头企业产权关系不明晰,龙头企业中一股独大十分普遍。龙头企业与农户的利益机制不健全,利益分配不合理,多数农户仍只享有出售原料的收入,而未享受农产品加工增值的利润,背信弃义的毁约现象时有发生。企业直接面对小规模分散经营的众多农户力不从心,而千家万户农民与企业合作常常处于不利的交易地位。

(4)政府扶持力度不够

农业产业化经营是关系到农村经济能否大发展的一场革命,它既是一个农村社会生产力配置和布局问题,又是一个农村经济的组织形式问题;既涉及生产力,又涉及生产关系。农业产业化经营组织是幼小的产业组织,要求打破地域、行业、所有制界限,对农村生产力配置进行重新组合和优化配置,这样大的一个系统工程,没有政府的正确引导和有力扶持是难以完成的。政府对农业产业化经营的支持力度不够,特别是财政、金融方面的支持不大,对农业产业化经营组织的指导方式不适应市场经济的要求,在工作指导和服务上还存在部门分割、地域分割、管理体制不顺等问题。有的地方还仅仅把农业产业化经营作为一种时髦口号停留在口头上,没有切实制定出扶持措施。有的地方甚至还人为夸大业绩,搞人造"一条龙""拉郎配""一刀切"。有的政府机构干预农业产业化经营组织的具体生产经营活动，为政绩而盲目决策。这些做法严重损害了企业、农户利益，使生产要素得不到优化配置，对农业产业化经营的发展造成了负面影响。

（5）农业产业化经营人才短缺

科学技术是第一生产力，科教兴农是我国实现农业现代化的根本途径和最佳选择，也是农业产业化经营的又一重要支撑。农业产业化经营是由传统农业向现代化农业转变、粗放经营向集约经营转变的重要组织形式，它的每一步发展都离不开科技进步和教育的支撑，科学技术转化为生产力，科研成果得以尽快推广，离不开高素质人才。而我国目前农民素质状况却影响了科技进步的步伐。我国农业劳动力中，大专以上文化程度的仅占0.05%，高中毕业的占4.45%，初中毕业的占28.15%，文盲半文盲高达22.25%。这一现象使我国农业先进技术推广受到很大制约，主要表现在重大科技成果转化率低、农业生产经营呈粗放型增长、农产品品质差、竞争力弱等。

第三节　农产品配送运输

一、配送与运输

（一）配送与运输的概念

1. 配送

配送指在经济合理区域范围内，根据用户要求，对物品进行拣选、加工、包装、分割、组配等作业，并按时送达指定地点的物流活动。

2. 运输

运输指用专用设备和工具，将物品从一个地点向另一个地点运送的物流活动。其中包括集货、分配、搬运、中转、装入、卸下、分散等一系列操作。

（二）配送与运输的联系和区别

从物流来讲，配送几乎包括了所有的物流功能要素，是物流的一个缩影或在某个小范围中物流全部活动的体现。一般的配送集装卸、包装、保管、运输于一身，通过这一系列活动完成将货物送达的目的。特殊的配送还要以加工活动为支撑，所以包括的内容更广。但是，配送的主体活动与一般物流却有所不同，一般物流是运输及保管，而配送则是运输及分拣配货，分拣配货是配送的独特要求，也是配送中有特点的活动，以送货为目的的运输则是最后实现配送的主要手段。从这一主要手段出发，常常将配送简化地看成是运输的一种。

二、农产品配送

（一）农产品配送的概念

农产品配送是指按照农产品消费者的需求，在农产品配送中心、农产品批发市场、连锁超市或其他农产品集散地进行加工、整理、分类、配货、配装和末端运输等一系列活动，最后将农产品交给消费者的过程。其外延主要包括农产品供应商配送和超市连锁配送。

（二）农产品配送的特点

因为农产品本身具有鲜活性、生产区域性、季节性、消费普遍性和分散性等特点，所以农产品的配送对运输的技术要求更高、装卸需要多次及运输不均衡等，具体表现在以下几个方面：

1. 农产品配送网点分布众多

农业生产点多面广，消费农产品的地点也很分散，因此农产品运输和装卸比多数工业品要复杂得多，单位产品运输的社会劳动消耗大。由于城市交通的限制和用户的需求，农业企业不得不在距离用户较近的居民区设置大量的配送点。

2. 农产品流通配送的区域性

农产品生产具有区域性，而人们的需求是多样性的，因此需要在不同区域间进行流通交易。但是农产品多数鲜活易腐，即便采取了保鲜等措施，仍会有一定比例的损耗，而且比例会随时间和距离的加大而迅速增加，使流通成本快速上升，限制农产品的流通半径，这一点显然有别于常温物流的配送运作方式。

3. 农产品物流配送的相对风险较大

农产品物流配送风险主要来自三个方面：一是农产品生产和消费的分散性，使经营者难以取得垄断地位，市场信息分散，人们难以全面把握市场供求信息及竞争者和合作者的信息；二是农业生产的季节性强，生鲜农产品上市时如果在短时间内难以调节，会使市场价格波动较大，这种情况在中国农产品流通市场上经常出现；三是以鲜活形式为主的农产品，多数易损易腐，必须根据它们的物理和化学性质安排合适的运输工具。

（三）农产品配送的模式

1. 直销型配送模式

直销型配送模式是最原始和最初级的物流模式，由农户或农产品基地自行配送，将农产品送到批发市场或用户手中。该模式能更好地满足时间和空间要求，保持农产品的新鲜度，提高配送服务效率，适用于流通范围较小、流通数量较少的状况，但同时生产者必须独自负担销售、促销、运输、仓储等成本，高成本、低回报致使生产者无法独自承担，必须通过专业物流平台或第三方物流企业来完成所需的物流职能，所以这种模式已经不能适应经济社会发展的需要。

2. 契约型配送模式

契约型配送模式是指公司与农户或合作社之间通过契约形式加以联结，农户提供农产品，由合作社或加工企业负责进入市场。这种模式有四种形式：一是"农户＋运销企业"模式；二是"农户＋加工企业"模式；三是"公司＋农户＋保险"模式；四是"公司＋合作社"模式。该模式的优势在于有助于加工企业、大型连锁超市和农贸市场的批发商克服原料来源不稳定的问题，提高了资源控制能力和生产稳定性；为农户销售产品找到了相对稳定的渠道；提高了对产品质量的控制力度。但是这种模式也存在一些弊病，如农户在同企业的谈判中始终处于弱势地位，农民利益容易受到侵害；企业直接面对分散的农户，市场交易费用仍然很高，配送成本居高不下；公司或企业与农户之间的利益联结关系非常松散，常常会出现违约现象。

3. 联盟型配送模式

联盟型配送模式的主导者是农产品批发市场，参与者是农产品生产者、批发商、零售商、运输商、加工保鲜企业等，通过利益联结和优势互补形成了战略联盟。该模式能够带动各方参与；降低了龙头企业直接面对农民的交易成本；为物流主体建立了公共交易平台，使交易双方有更多的选择，提高了农民的谈判地位。但这种模式由于处在一个战略联盟下，随着交易量的扩大，管理效率比较低，中间批发商仍然会对直接生产者和消费者进行信息封锁。

4. 第三方物流配送模式

第三方物流（3PL）是由相对于第一方发货人和第二方收货人而言的第三方专业企业来承担企业物流活动的一种物流形态。它通过与第一方或第二方的合作来提供专业化的物流服务，不拥有商品，不参与商品买卖，而是为顾客提供以合同约束和结盟为基础的系列化、个性化、信息化的物流代理服务。该模式高效、迅捷，保障流通渠道的畅通；有效降低了成本，增加了经济收益；能在更大程度上保证生鲜农产品质量；提高了生鲜农产品的附加值。近年来，更多的国际大型农产品销售商尝试立足主业经营，逐步将本企业的物流配送业务委托给社会上专业化的物流配送企业，这种发展趋势越来越明显。

5. 共同配送模式

共同配送（或称协同配送）模式是由多个企业联合组织实施的配送活动，其目的是提高农产品配送的效率，核心在于充实和强化配送功能。共同配送主体既可以是作为物流需求方的生产商、批发商和零售商，如多家农户、农产品基地、农业供销合作社或农产品配送中心共同组成的新公司，也可以是作为物流服务供应方的运输企业和仓库企业，如我国农产品配送的主要模式之一的合作社配送模式，在现阶段就已经引入了共同配送、第三方配送等现代配送模式，并在有些地区建立了农产品加工配送中心。共同配送可以提高配送效率、降低配送成本，但是共同配送管理难度大，易造成物流设施费用及其管理成本增加，或因服务要求不一致而导致服务水准下降。

6. 综合配送模式

农产品综合配送模式亦称集团配送模式、互用配送模式,是指以一定方式聚合专业流通企业组成流通集团,集中对大中型生产企业实施定点、定时、定量供货的配送形式和以商贸集团及所有大型加工中心为媒介,在生产企业集团之间供货、送货的运作模式。

(四)农产品配送的形式

基于农产品的最终配送效果,按配送的时间和数量,配送可分为以下几种形式:

1. 定时配送

定时配送即按规定时间和时间间隔进行配送。定时配送的时间由配送的供给与需求双方通过协议确认。每次配送的品种及数量可预先在协议中确定,实行计划配送也可以在配送之前以商定的联络方式通知配送品种及数量。定时配送又分为以下方式:

(1)日配

日配是接到订货要求之后,在 24 小时之内将货物送达的配送方式。一般而言,日配的时间要求大体上是:上午的配送订货下午送达,下午的配送订货第二天早上送达。

(2)准时配送

准时配送是按照对方的协议时间,准时将货物配送到用户的一种方式。这种方式和日配的主要区别在于日配是向社会普遍承诺的配送服务方式,针对社会上不确定的、随机性的需求,准时方式则是两方协议,往往是根据用户的生产节奏,按指定的时间将货送达。这种方式比日配方式更为精密,利用这种方式,连"暂存"的微量库存也可以取消,能够绝对实现零库存。

(3)快递方式

快递方式是一种快速送达服务的配送方式。快递方式能在较短时间实现送达的服务,但不明确送达的具体时间,在农产品快递服务中,必须注意时间问题,这种方式比较少,所以一般用作向社会广泛服务的方式。

2. 定量配送

定量配送按事先协议规定的数量进行配送。这种方式数量固定,备货工作有较强的计划性,比较容易管理。定量配送有利于配送供给企业的科学管理,有利于人力、装卸机具、储存设施的配备。

3. 定时定量配送

定时定量配送是按照规定的配送时间和数量进行配送。比如农产品配送中心对一些超市,每天定时定量进行农产品配送。

4. 定时定路线配送

在规定的运行路线上,制定配送车辆到达的时间表,按运行时间表进行配送,可以按照配送企业规定的路线及规定的时间选择这种配送服务,并按指定时间到指定地点接货,一般大型连锁集团针对连锁超市实行此种方式。

5. 应急配送

应急配送是完全按用户突然提出的配送要求随即进行配送,是对各种配送服务进行补充和完善的一种配送方式,主要用来应对用户由于事故、灾害、生产计划的突然变化等因素所产生的突发性需求,也用来应对一般消费者经常出现的突发性需求,如奥运期间农产品应急配送,这种配送服务实际成本很高,难以用作经常性的服务方式。

三、农产品运输

(一)农产品运输的概念

农产品运输是指利用专用的设备和工具,以最低的时间、财务和环境资源成本,将农产品从一个地点运送到另一个地点的物流活动。

(二)农产品运输的特点

农产品运输可以分为两大类:一是大宗农产品运输;二是生鲜农产品运输。这两种农产品在运输上具有各自的特点。

1. 大宗农产品运输的特点

(1)运输挑战大。因为大宗农产品的生产具有明显的季节性,如大米、玉米等,而所提供的运力却具有一定的刚性,这就容易造成运输需求和供给之间的不平衡。有时供过于求,造成运力的浪费;有时供不应求,造成运力紧张的局面,所以对大宗农产品运输的挑战更大。

(2)保管要求高。由于大宗农产品水分含量比较高,运输过程中要注意通风工作,避免形成水珠,致使货物遭受水渍。然而大宗农产品又怕受潮,也要加强运输过程中的密封工作,避免运输过程中遭受雨淋,从而导致货物受损,所以大宗农产品的运输要求非常严格的管理作业。

(3)协调能力强。大宗农产品先由农户收割,通过分散运输达到农产品归仓,再把分散在各家各户的农产品集中在一起进行集中运输,最后则通过分散运输把农产品输送给各个消费者,整个过程对运输的协调工作提出了挑战。如果运输之间协调不得当,就会大大提高运输成本,降低市场竞争力,所以大宗农产品的运输要求各环节协调能力更强。

2. 生鲜农产品运输的特点

(1)需要先进的农产品保鲜和加工技术支持。"新鲜"是生鲜农产品的价值所在,由于其自然特性,如含水量高、保鲜期短、受气候影响大、极易腐烂变质,增加了运输成本,降低了销售的竞争力,所以保鲜技术和加工能力是农产品运输质量的关键。

(2)运输时间要求短。生鲜农产品进入销售程序后,保质时间比较短,这就要求生鲜农产品尽快进入消费状态,尽可能使生鲜农产品生产和消费空间距离缩短。在运输过程中,对环境进行不间断的监测,使生鲜农产品处于适宜的环境之中,比如生鲜农产品所处的温度、湿度等。

（3）应该实行绿色通道。对生鲜农产品最好先确定进入消费环节的渠道，然后组织运输，运输过程中实行绿色通道，在运输之前或之后再去完成过程中的各种手续，这样就能大大减少运输时间，降低运输过程中的损耗，为农产品的销售创造有利条件。

（三）运输对农产品质量的影响

1. 物理损伤

在运输中，农产品遭受物理损伤对质量影响很大，造成物理损伤的主要原因是不良操作、超载、堆垛安排不当等。

（1）不良操作

由于目前我国绝大多数农产品运输中的装卸仍然依靠人力，不良操作容易导致农产品受伤而引起腐烂。长期以来，不良操作是导致农产品质量损伤的一个主要因素，虽然使用包装对缓解农产品遭受物理损伤起很大作用，但是仍然不能防止运输中不良操作带来的影响。

（2）超载

超载是指农产品堆码过高使货堆底部压力过大的情况。运输途中的晃动会使这些压力增大，使包装部分或全部受到损坏，增大商品损失。载货的安全高度要由包装物强度来确定，当农产品出现过度挤压受损的情况时，必须加强包装强度和减少载货高度。超载一直是一个普遍存在的问题，运输业务人员往往想在一辆车上尽量多装，以便从一批货物中获得更多的经济效益，同时在装卸或运输过程中，运输人员站在或坐在产品包装上也会产生类似超载造成的损伤，这类情况都要竭力制止。

（3）堆垛不当

运输中码货的安排也是十分重要的，即便货物没有超载，也必须小心地将一车农产品有序地堆好、码好，垛码不能超出车边缘。各包装之间要靠紧，避免运输途中太大的晃动，并且要放满整个车的底部，使下层的包装承担上层整个包装件的重量，以保证货物的静压分布均匀。一般长方形的容器比较好，形状不规则的容器，如竹筐、荆条筐，要堆放成理想的形状就困难得多。

2. 失水

农产品保鲜在很大程度上可以说是保持水分。农产品在运输期间发生失水现象是不可避免的，因呼吸代谢要消耗部分水分，水分蒸发是农产品水分损失的主要原因。一般农产品失水超过5%就会明显萎蔫，降低销售数量。控制失水的主要方法，一是运输中减少空气在农产品周围的流动；二是运输中加强农产品的湿度控制；三是一定要有合适的包装，水蒸气的渗透性及封装的密集度决定包装降低失水速率的程度。

3. 聚热

由于农产品的组织柔嫩，酶系活性较强，含有大量的水分和可溶性的成分，在采收后较长距离的运输中，具有较强的呼吸作用，呼吸产生热量，在运输中易发生聚热现象。特别是在外界温度较高的情况下和呼吸强度较高的叶菜类中，这个问题尤为严重。解决聚热问题一般是用加冰或制冷的办法，对于尚无制冷设备的运输车辆，防止聚热产生的主要方法是加强通风，在堆放包装件时，使各包装之间空气可以自由流动，利用运输工具行驶时产生的空气流动，使空气流过货堆甚至流过包装件内部。

（四）农产品运输的基本要求

农产品与其他商品相比，运输要求较为严格。我国地域辽阔，自然条件复杂，在运输过程中，气候变化难以预料，加之交通设备和运输工具与发达国家相比还有很大差距，因此必须严格管理，根据农产品的生物学特性，尽量满足农产品在运输过程中所需要的条件，以确保运输安全，减少损失。

1. 快装快运

由于农产品保鲜期短等特点，所以运输中的各个环节一定要快，使农产品迅速到达目的地。

2. 轻装轻卸

合理的装卸直接关系到农产品运输的质量，装卸过程中一定要做到轻装轻卸，避免因装卸造成的农产品破损。

3. 防热防冻

温度过高或过低、波动频繁或过大都对农产品保持质量不利。现代很多交通工具都配备了调温装置，对于无这类装置的运输工具，必须重视利用自然条件和人工管理来防热防冻。遮盖是普通的处理方法，能一定程度避免日晒雨淋，但要根据不同的环境条件采用不同的措施。

（五）农产品运输的方式

1. 公路运输

公路运输是我国最重要和最常用的短途运输方式。虽然存在成本高、运量小、耗能大等缺点，但其灵活性强、速度快、适应地区广。公路运输的主要工具有各种大小车辆、汽车、拖拉机等。随着高速公路的建成，高速冷藏集装箱运输将成为今后公路运输的主流。

2. 水路运输

利用各种轮船进行水路运输具有运输量大、成本低、行驶平稳等优点，尤其海运是最便宜的运输方式。但其受自然条件限制较大，运输的连续性差、速度慢，因此水路运输农产品的种类受到限制。发展冷藏船运输农产品，是我国水路运输的发展方向。

3. 空运

空运的最大特点是速度快，但装载量很小，运价昂贵，适于运输特供高档农产品。由于空运的时间短，在数小时的航程中常无须使用制冷装置，只要农产品在装机前预冷至一定温度，并采取一定的保温措施即可取得满意的效果。在较长时间的飞行中，一般用干冰做冷却剂，因干冰装置简单、重量轻、不易出故障，十分适合航空运输。

4.铁路运输

铁路运输具有运输量大、速度快、运输震动小、运费较低(运费高于水运,低于陆运)、连续性强等优点,适合长途运输,其缺点是机动性能差。

(六)农产品运输的工具

公路运输工具有普通运货卡车、冷藏汽车、冷藏拖车和平板冷藏拖车等。水路运输工具用于短途转运或销售的一般为木船、小艇、拖驳和帆船,远途运输则用大型船舶、远洋货轮等。铁路运输工具有普通篷车、通风隔热车、加冰冷藏车、冷冻板、冷藏车等。集装箱有冷藏集装箱和气调集装箱。以下重点介绍几种运输工具:

1. 普通篷车

在我国新鲜农产品运输中普通篷货车仍为重要的运输工具。车厢内没有温度调节控制设备,受自然气温的影响大。车厢内的温度和湿度通过通风、草帘棉毯覆盖、炉温加热、夹冰等措施调节,但这些方法难以达到理想的温度,常导致农产品腐烂而损失严重,损失率随着运程的延长而增加。

2. 通风隔热车

隔热车是一种仅具有隔热功能的车体,车内无任何制冷设备和加温设备,主要依靠隔热性能良好的车体的保温作用来减少车内外的热交换,以保证货物温度的波动不超过允许的范围。这种车辆具有投资少、造价低、耗能少和节省运营费等优点。

3. 冷藏车

冷藏车的特点是车体隔热、密封性好,车内有冷却装置,在温热季节能在车内保持比外界气温低的温度,在寒季还可以用于不加冷的保温运送或加温运送,在车内保持比外界高的温度。目前我国的冷藏车有加冰冷藏车、机械冷藏车和冷冻板冷藏车等。

4. 集装箱

集装箱是当今世界上发展非常迅速的一种运输工具,既能节省人力、时间,又能保证产品质量。集装箱突出的特点是抗压强度大,可以长期反复使用;便于机械化装卸,货物周转迅速;能创造良好的储运条件,保护产品不受伤害。

第六章 农业经济核算

农业经济对人的生活有着重要的影响,因此农业经济核算也逐渐被人们所了解。基于此,本章对农业经济核算进行分析。

第一节 农业中的成本与效益

一、农业成本效益的基本范畴

(一)农业生产总成本

农业生产总成本是反映一个地区或一个部门农业生产综合效益的指标,是农业企业或单位为生产一定种类和数量的产品,或提供劳务所发生的各项生产费用。产品成本是会计核算的核心内容,搞好成本核算,对加强成本管理、提高经济效益具有重要意义。

(二)单位农产品成本

单位农产品成本即生产单位农产品所发生的各项费用,也是农业生产总成本与产品产量之比。

单位农产品成本的高低取决于农产品总成本与农产品总产量两个因素,与总成本成正比,与总产量成反比。

单位农产品成本能反映增产与节约两方面的经济效果,是考核产品成本水平的重要指标。

(三)个别成本

农产品的个别成本是指个别农业企业或基本核算单位的产品成本,反映的是个别企业或单位生产某种农产品所耗费的物化劳动和活劳动总量。计算个别成本并对个别成本及其构成进行动态分析,可以找出成本升降的原因,有利于改善经营管理或采取相应的经济技术措施,促进增产增收。

(四)社会成本

农产品的社会成本是指一个经济区域的社会水平的成本,反映的是该区域内生产某种农产品所耗费的物化劳动和活劳动的社会必要水平。通过个别成本和社会成本的对比,可以找出个别农业企业或基本核算单位在成本管理方面的差距。

（五）效益

效益即效果和利益，它有经济效益与社会效益、微观效益与宏观效益、技术经济效益与社会经济效益、生态效益与综合效益之分。

经济效益是指劳动占用与消耗量同劳动成果的比较，即投入同产出的比较。社会主义生产的目的，是要保证最大限度地满足社会及其成员日益增长的物质和文化的需要。因此，经济效益就是要以尽量少的活劳动消耗和物质消耗，生产出更多符合社会需要的产品。

（六）成本效益

成本效益是指一定量的成本所带来的经济效果和利益。它能反映出计入产品成本的费用与产品所带来的效益的关系。

二、农业生产成本分析

成本分析是根据有关成本的各种资料，运用专门的方法，对影响成本变动的各因素及其影响程度进行的分析。通过成本分析，可以了解成本升降的情况，认识和掌握成本变动的规律，加强成本管理；可以对成本计划的执行情况进行有效控制，对执行结果进行评价；可以为编制成本计划和经营决策提供依据，也可以为将来的成本管理工作指明努力的方向。

成本分析的主要目的是改进企业的经营管理，节约生产耗费，降低成本，提高经济效益。成本分析分为成本预测分析、成本控制分析和成本总结分析三种。这三种分析是在不同时段进行的，分别属于事前、事中和事后分析。

（一）成本预测分析

成本预测分析是指在编制成本计划前，对成本的变动趋势进行预测，然后再根据预测的资料编制成本计划。成本预测最简单的方法是高低点法，现介绍如下：

高低点法就是从企业历史的成本资料中，找出产量和总成本最高的年份（高点）和最低的年份（低点），计算产量和成本的差异数，然后运用直线公式进行预测。总成本可用下列公式来表示：

$y=a+bx$

式中：

y——总成本；

a——固定成本；

b——单位变动成本；

x——总产量。

将 b 值代入 $y=a+bx$，求出 a 值，再把 a、b 值代入 $y=a+bx$ 公式，即可预测出任何计划总产量的对应总成本。

（二）生产过程中的成本控制分析

生产过程中的成本控制分析就是对生产过程中的物化劳动消耗和活劳动消耗加以控制，经常检查成本计划的执行情况，分析成本变动的原因。其主要分析方法是成本差异分析，其分析根据以下公式进行：

价格差异 =（实际价格 – 标准价格）× 实际数量

或

= 材料价格差异 + 单位报酬差异 + 单位间接费用差异

数量差异 =（实际数量 – 标准数量）× 标准价格

或

= 材料耗用数量差异 + 人工效率差异 + 间接费用效率差异

总成本差异 = 价格差异 + 数量差异

通过计算可以发现差异的有无，若有差异，分析是有利差异还是不利差异。对有利差异要使其继续发展，对不利差异应及时采取措施消除，使成本控制计划顺利完成。

三、农业经济效益

农业经济效益是农业生产和再生产过程中劳动消耗和劳动占用与有用劳动成果的比较，也可以说是农业生产和再生产过程中投入与产出的比较。农业经济活动最终的目的就是要通过各种农业生产要素的投入和对农业生产力的合理组织，获得更多的农业成果，获取更高的经济效益。如果以等量投入获得了较以前更多的产出，或是等量产出，所需投入较以前减少，可以说是经济效益提高了。农业经济效益可以用绝对数表示，也可以用相对数表示，表达式如下：

经济效益 = 产出 – 投入

指标值大，说明经济效益好；指标值小，说明经济效益差。但这种指标值大或小都不是绝对的，而是相对的。只有同原来的基础相比较，或进行横向或纵向的比较，才能判断经济效益是否提高。指标值比原来大，是正效益，说明经济效益提高了；指标值比原来小，是负效益，说明经济效益降低了。在农业生产中，正效益和负效益可以互相转化。农业中有些新技术、新措施，在开始时可能是正效益，但经过一段时间后，它可能出现负效益；也有时相反，即在新技术、新措施刚被采用时是负效益，但经过一段时间后，可能出现正效益。

农业经济效益的制约因素主要有自然环境、科学技术、农业投入、农业生产结构和农业经营规模五个方面。

（一）自然环境

农业生产过程是自然再生产过程和经济再生产过程相交织的过程。农业生产的对象是有生命的生物，生物生长同自然环境有着十分密切的关系。自然环境适合生物的生长，农业产量就高，农业经济效益就好；自然环境不适合生物生长，农业产量就低，农业经济效益就差。

(二) 科学技术

科学技术是第一生产力，农业经济中科技含量的高低决定着农业经济效益的好坏。劳动者将科学技术运用于生产过程，作用于劳动资料和劳动对象，就会大大提高劳动生产率，提高产品的质量和产量，最终节省单位农产品的投入或增加单位投入的产出。特别是劳动者科学知识的增长、技术水平的提高、生产经营能力的增强，对合理利用自然经济资源，确定合理的生产要素组合、适度的经营规模和投资规模等起着决定性的作用。

(三) 农业投入

农业投入是影响农业生产经济效益的主观因素。在农业生产中，增加任何一种投入都可以使产量得到提高，应该加大农业投入，但我们又不能一味地增加农业投入。在其他投入不变的情况下，连续追加某一种投入的数量会导致边际报酬递减。追加投入可以增加收益，也一定会增加成本，如果因追加投入而增加的单位成本小于因追加投入而增加的单位收益，说明产生了正效益；如果因追加投入而增加的单位成本大于因追加投入而增加的单位收益，说明产生了负效益。在实践中，应根据边际收益递减规律，使投入掌握在一定的限度内，保证投入后能真正提高经济效益。

(四) 农业生产结构

农业生产结构对农业生产经济效益的影响有两面性，合理的农业生产结构能对农业生产经济效益产生正面影响，农业生产结构不合理将给农业生产经济效益带来负面影响。合理的农业生产结构，一方面，能够保证合理利用当地的自然资源和经济资源，充分发挥当地的资源优势，提高农业生产的转化效率，最终提高经济效益；另一方面，能够保持各种农产品供给和需求的平衡状态，也能稳定农产品的价格，使农业增产增收，还可以避免因农业生产的大幅度波动造成的损失，从而提高农业的经济效益。因此，应适时调整农业生产结构，使其处于相对合理的状态，最大限度地提高农业生产的经济效益。

(五) 农业经营规模

在一定的生产力水平条件下，农业经营规模不同，劳动者与劳动资料和劳动对象的结合程度也不同。三要素结合得越好，生产力要素的利用越充分，经济效益就越高。相反，经济效益就越低。

从农业经济效益的制约因素我们可以清楚地看到，要提高农业经济效益，应该因地制宜，充分合理地利用当地的自然经济资源，不断地提高农业劳动生产率，降低劳动消耗，确定适度的经营规模和优化产业结构，在有限的条件下，最大限度地实现资源的合理配置，做到人尽其才、地尽其力、物尽其用。

第二节　农业经济核算

一、农业经济核算基本原理

农业经济核算涉及面广,操作较复杂,意义深远、重大,应加大工作力度。这就要求了解进行农业经济核算的重要性,掌握经济核算的基础理论和相关知识,熟悉农业经济核算的内容和方法等。

(一)农业经济核算的意义

农业经济核算是对农业生产经营过程中的物化劳动及活劳动的消耗和经营成果进行记载、计算、分析和比较的一种经济管理方法,其目的在于以较少的劳动消耗取得较大的生产经营成果。在社会主义市场经济条件下,农业实行经济核算具有重要的现实意义,主要表现在以下方面:

1.实行经济核算,才能明确生产单位和整个社会的生产消耗情况和最终成果,找出盈亏原因,为寻找增产节约途径提供依据。

2.实行经济核算,才能为国家制定宏观的农业政策,确定投资方向,调整产业结构、生产结构和为作物布局提供可靠的依据。

3.实行经济核算,才能正确地计算经营成果,明确经济责任,赏罚分明,充分体现多付出多得、少付出少得、不付出不得的分配原则,克服平均主义,避免干好干坏都一样的问题。

4.实行经济核算,能够更好地保护公有财产,防止公有财产流失和浪费。过去的经验表明,如果不重视经济核算,经济工作就抓不上去,经济建设就会遭受损失。重视经济核算,把企业的经营成果与企业领导和劳动者的物质利益直接联系起来,就能调动企业和劳动者的积极性和创造性,实现增产节约、提高经济效益的目标。

(二)农业经济核算的内容和方法

1.农业经济核算的内容

农业生产经营中经济核算的内容主要包括成本核算、资金核算和盈利核算三方面。农业成本核算是对农产品生产过程中所消耗的活劳动和生产资料费用的核算,主要是通过计算各种农产品总成本和单位成本来反映农业生产经营过程中活劳动和物化劳动的消耗,揭示农产品成本升降的原因,寻求降低成本的措施。

农业资金核算是对固定资金和流动资金的核算。固定资金的核算主要是反映固定资金利用情况,以寻求提高固定资金利用率的途径。流动资金的核算主要是反映流动资金周转情况,以尽可能地缩短资金在生产和流通领域的周转时间,提高周转速度。

农业盈利核算是对利润额和利润率的核算,盈利的多少是衡量农业生产经营成果的重要指标。通过盈利的核算,可以考核农业的生产经营成果,促使农业不断降低成本,减少资金占用,加速资金周转,增加盈利。

2. 农业经济核算的方法

农业经济核算的基本方法包括会计核算、统计核算和业务核算。会计核算是用货币形式对企业的生产过程进行全面系统的记载、计算、对比、总结和分析。统计核算是运用货币、实物和时间等量度指标,对企业的经济现象进行计算和分析,反映企业和社会的经济活动。业务核算是对企业和个别作业环节进行核算。三种方法并不是相互独立的,只有把三种方法结合起来,才能全面地反映企业的状况,更好地发挥经济核算的作用。但在一个企业或单位中应更注重会计核算,因为会计核算最为重要。

二、农业成本核算

(一)农产品成本核算的意义

农产品成本是指为生产农产品所消耗的物化劳动价值和活劳动报酬支出的总和。农产品成本是一项重要的综合性指标。劳动生产率的高低、原材料和机器设备的利用程度,以及经营管理水平等,都会通过成本指标反映出来。成本降低,意味着活劳动和物化劳动消耗的节约。单位农产品成本是指生产每一单位农产品所消耗的物化劳动价值和活劳动报酬支出的总和,某种农产品的单位成本是该种农产品成本与该种农产品总产量的比值。可见,单位农产品成本的高低既取决于农产品的产量,又取决于农产品成本。从这个意义上说,降低单位农产品成本就意味着企业以同样的物化劳动和活劳动的消耗,生产出更多的农产品。通过成本核算,可以对各种生产消耗进行控制和监督,促进企业或核算单位人、财、物的节约,降低成本,增加盈利,也可以为国家制定农产品价格政策等提供依据。可见,搞好农产品成本核算,对提高农业企业或基本核算单位的管理水平、实现增产节约、加强国家对农业生产的宏观领导和调控都有十分重要的意义。

(二)农产品成本费用项目的构成

要正确地核算农产品的成本,就应明确农产品成本由哪些费用项目构成。不同的农产品其成本费用的构成项目是不同的,但都包括以下几个方面的内容:

1. 直接生产资料费用

直接生产资料费用是指在生产过程中直接耗费的生产资料,如种子、肥料、农药、燃料、动力、饲料、其他辅助材料等费用。

2. 直接人工费用

直接人工费用是指直接参加农产品生产人员的工资、奖金、津贴及按规定计提的职工福利费。

3. 间接生产费用

间接生产费用是指为组织和管理生产活动而发生的各项费用，包括办公用品费、差旅费、管理人员的工资、福利费、固定资产的折旧费、机务料消耗、低值易耗品摊销、租赁费、土地开发费摊销、水电费、保险费、机械作业费、排灌费、季节性和修理期间的停工损失、取暖费及其他间接费。

明确了成本项目的构成，就可以进行成本分析，考核各种消耗定额的执行情况，找出农产品成本升降的原因，采取相应的措施加以解决。

（三）农产品成本核算的要求

为了达到成本核算的目的，发挥成本核算的作用，在进行农产品核算时，必须做好以下工作，以确保成本全面、真实、合理、准确。

1. 做好成本核算的基础工作

做好成本核算的基础工作，就是要建立健全各种原始记录和制度，如健全原始记录，建立定额制度，严格执行物资的计量、收发和盘存制度等。只有成本核算的基础工作做好了，才能为核算各种消耗、分摊各项费用奠定基础，提供可靠的依据。

2. 正确划分成本费用的界限

在对农产品进行成本核算时，应严格划分成本费用的界限。

首先，应正确划分成本费用和期间费用的界限。凡是为生产产品发生的一切费用，都必须计入产品成本，与产品生产无关的费用支出不能计入产品成本。只与某种产品生产有关的费用可直接计入某种产品的成本；与几种产品生产有关的费用如排灌费、管理费等应采用一定的方法分摊计入产品成本。

其次，应正确划分不同时期成本费用的界限。凡属于应由本期产品承担的成本费用，都应该计入本期产品的成本，凡不属于应由本期产品承担的成本费用都不能计入本期产品的成本。

再次，应正确划分完工产品的成本费用和在产品的成本费用。凡应由完工产品承担的成本费用，都必须计入完工产品的成本，凡不应由完工产品承担的成本费用均不得计入产品成本。

最后，应正确划分不同产品之间成本费用的界限。该由本产品承担的成本费用，都应该计入本产品成本；不该计入本产品成本的费用，不得计入本产品成本。

3. 正确核算人工费用

人工费用的多少取决于活劳动的消耗量和活劳动的工值，因此要准确核算人工费用，既要正确计算活劳动的消耗量，又要正确确定活劳动的工值。

活劳动的消耗量一般按标准劳动日计算。通常把一个中等劳动力工作8小时定为一个标准劳动日。平时只登记每个劳动力从事产品生产的实际劳动时间，期终再折算为标准劳动日，折算时按下面的公式进行：

标准劳动日 = 劳动时间 +8 × 折算系数(注:折算系数根据各个劳动者的实际劳动能力确定,如一个中等劳动力的折算系数是1,上等劳动力的折算系数定为1.2或1.5等,下等劳动力的折算系数定为0.8等)。计入产品成本的活劳动消耗量包括直接用工和应分摊的间接用工两部分。

劳动工值的确定以劳动力再生产所必需的生活费用为计算标准。劳动力再生产所必需的生活费是指在衣、食、住、燃料、各种用品、文教卫生及其他方面的总支出。

(四)农产品成本核算的方法

这里所指的农业是广义的农业,包括农、林、牧、渔业,由于各行业生产各有特点,农产品成本项目构成不尽相同,因而各行业成本核算的方法也不同。

1. 农作物产品成本核算

核算农作物产品成本,首先应明确成本核算对象,然后进行费用的核算,最后计算农产品成本。

(1)各项成本费用的核算。构成农作物产品成本的费用共有10项,各项费用记入作物成本的方法如下:

1)人工费用。用各作物的用工量(标准劳动日)乘以标准劳动日值,计算计入各作物成本的人工费用。

某作物人工费用 = 该作物的标准劳动日 × 标准劳动日值

2)种子费。用各作物的实际用种量乘以种子的单价,计算计入各作物成本的种子费。外购种子按买价加上运杂费、途中的合理损耗、税金及入库前的挑选整理费计价;自产自用种子按国家规定的价格计价。

3)肥料费。外购的肥料按实际买价加上运杂费计价;自产自用的绿肥按市价计价;农家肥按有关部门统一的价格或估价计价。

4)农药费。外购的农药按采购价、途中的合理损耗和运杂费计价;自产的按市价计价。

5)机械作业费。外单位代为耕作的,如果只是某一种农作物,按实际支付的作业报酬计算;如果是多种作物,先按实际支付的作业报酬记录,然后,根据各作物的实际作业量计算应分摊的机械作业费;自有机械进行耕作的,应按同类作业市价先计算出单位面积成本,然后按各作物的实际机械作业量计算应摊的机械作业费。公式如下:

某作物应摊的机械作业费 = 该作物机械作业标准单位面积 × 机械作业单位面积成本

6)排灌作业费。支付给水电部门的生产水电费,按实际支付数计入各作物成本;自有排灌设备发生的费用,核算方法同机械作业费的核算方法类似,只是作业量的单位变为单位面积数。

7)畜力作业费。畜力作业费指各作物在成本核算期内使用役畜从事田间作业和运输的费用,如果是外雇畜力,按实际支出计算;如果是自己拥有的畜力,则应按实际费用计算,包括饲草和饲料费、固定资产折旧费、修理费、役畜医药费和其他相关支出。畜力作业费的计算通过以下公式进行：

某作物应摊的畜力作业费＝该作物完成的工作量（畜标准工作日）× 畜工作日成本

上式中，畜标准工作日是以一种役畜为标准，根据役畜的劳动效率折合的，不同地区折合办法不同，可以以当地主要役畜作为基准来折合。

8）其他直接费。其他直接费指以上几项没有包括的直接费用。

9）农业共同费。农业共同费指农作物生产过程中，各作物共同受益的费用支出。如生产用固定资产折旧费和修理费等。对于农业共同费用，应先核算出当年应计入成本的各项费用总额，然后按一定的标准在各受益作物之间进行分摊。

10）管理费和其他支出。管理费和其他支出指按实际开支金额和一定的分摊标准分别计入各作物的成本。

（2）产品成本的计算。各项费用核算出来以后，就可以结合各作物的面积和产量计算产品成本了。每一作物一般都需计算总成本、单位面积成本和单位产品成本三个指标。这三个指标的计算公式如下：

某作物总成本＝直接生产资料费用＋直接人工费用＋间接生产费用

2. 畜禽产品成本核算

（1）生产费用的核算。畜禽饲养的生产费用包括人工费用、饲料饲草费、燃料动力费、固定资产折旧费及修理费、其他费用。各项费用的核算方法如下：

1）人工费用。畜禽饲养的人工费用是在畜禽饲养过程中的全部劳动报酬。从数量上看，是总用工量（折合的标准工作日）乘以工日单价而得的乘积。其中总用工量包括直接用工和间接用工两部分。直接用工包括饲养、放牧、捡蛋、挤奶、剪毛等用工，这些用工可以直接计入有关产品成本；间接用工包括饲料调制、用具修理以及管理用工。如只饲养一种畜禽，间接用工也可直接计入产品成本；若饲养两种以上畜禽，间接用工可按各畜禽（群）收入或直接用工的比例分摊。某种畜禽的直接用工加上应分摊的间接用工就是总用工量。工日单价仍可采用劳动力再生产必需的生活费用调查的工值计算。

2）饲料饲草费。饲料饲草费是指在畜禽饲养过程中消耗的全部饲料饲草的价值。外购的按买价加上运杂费、途中的合理损耗和相关的税金计算；自产的按实际成本或国家牌价计算。

3）燃料动力费。燃料动力费指粉碎和蒸煮饲料、雏鸡孵化及畜禽舍内取暖等耗用的燃料和电力费用，应按实际支出的金额计算。若生产多种畜禽应对此项费用进行分摊。

4）固定资产折旧及修理费。固定资产折旧及修理费指畜禽、禽笼等饲养专用设备的折旧费和修理费。

5）其他费用。其他费用指畜禽的医药费、饲养工具的购置费、管理费和其他支出。对能直接计入某种畜禽（群）成本的费用，直接计入畜禽（群）成本；对不能直接计入畜禽（群）成本的间接费用，应按各畜禽（群）用工比例分摊。

(2)畜禽产品成本计算。畜禽产品的成本主要用以下指标计算：

畜禽产品单位成本＝某畜禽（群）增重单位成本

3. 林业产品成本核算

(1)生产费用的核算。林业生产费用的核算比照农业生产费用的核算进行。

(2)产品成本计算。果、桑、茶、胶等经济林是多年生长期作物，一般都要经过育苗、幼林抚育管理、成林投产提供产品三个阶段。各阶段的成本计算公式如下：

第一，育苗阶段：

$$起苗前单位面积苗圃成本 = \frac{苗圃全部生产费用 - 副产品价值}{苗圃面积}$$

$$每株树苗成本 = \frac{(起苗面积 \times 单位面积苗圃成本) + 起苗费用}{起苗总株数}$$

第二，幼林抚育管理阶段：

$$每年单位面积幼株成本 = \frac{当年应负担的全部费用}{抚育管理面积}$$

第三，成林投产提供产品阶段：

$$单位主产品成本 = \frac{该产品当年应负担的生产费用 - 副产品加工费用}{主产品总量}$$

三、农业资金的核算

（一）农业资金的分类

农业资金是农业生产建设过程中所占用的各种财产物资的价值及货币价值的总和。农业资金按不同的标准有不同的分类，具体分类如下：

农业资金按来源不同，可分为自有资金和外来资金两类。自有资金主要来自农业的积累、农户的非农副业收入和乡镇企业的以工补农、以工建农资金。外来资金主要指社会集资、引进的国外资金、国家下拨的资金或其他单位援助的资金，以及向银行、信用社或其他单位、个人的借款和结算中的应付暂收款。农业应以自有资金为主，充分利用自有资金，同时，要善于运用外来资金，以促进农业生产的发展。

农业资金按用途不同，可分为基本建设资金、经营资金和专用基金三大类。基本建设资金是用于固定资产或扩大再生产的资金，如购置机器设备、牲畜农具、建造厂房、兴修水利等。经营资金是指用于日常生产经营活动的资金。专用基金是指除基本建设资金和经营资金以外，具有特定来源和专门用途的资金，如公益金、职工福利基金和折旧基金等。

农业资金按其流动性不同，分为固定资金和流动资金。固定资金是指垫支在主要劳动资料上的资金，其实物形态是固定资产。固定资金是农业资金构成的重要组成部分，农业生产能力的大小，通常由拥有固定资金的多少以及它的技术状况和先进程度决定。固定资金的特点是单位价值较大,使用时间较长,多次参与生产过程,不改变原来的实物形态,其价值随着损耗逐步转移到产品成本费用中去,并从产品销售收入中得到补偿。流动资金是垫支在劳动对象上的资金和用于支付劳动报酬及其他费用的资金。其特点是只参加一个生产过程即被消耗掉,其价值一次转移到成本中去,并从销售收入中一次性得到补偿。

(二)固定资金核算

固定资金核算的主要内容有两项:一是固定资产折旧的核算;二是固定资金利用效果的核算。

1. 固定资产折旧的核算

固定资产在生产过程中,由于损耗而转移的价值称为折旧。通过折旧提取的货币资金,用于将来固定资产的更新改造,在未用之前就形成一种基金,这种基金称为折旧基金。折旧基金是农业自有资金的重要来源。加强对折旧的管理,可以正确计算产品成本,实现生产设备及时更新换代,提高农业的技术装备水平。

固定资产折旧的计算方法主要有使用年限法和工作量法。但在实际工作中,固定资产折旧额是根据事先规定的折旧率计算的。其计算公式如下:

某项固定资产年折旧额 = 该项固定资产原值 × 年折旧率

某项固定资产的月折旧额 = 该项固定资产原值 × 月折旧率

或

某项固定资产的月折旧额 = 该项固定资产的年折旧额 ÷ 12

固定资产折旧率根据计算对象包括的范围不同,可分为个别折旧率、分类折旧率和综合折旧率。个别折旧率是按每项固定资产分别计算的折旧率;分类折旧率是按每类固定资产分别核算的折旧率;综合折旧率是按全部固定资产计算的折旧率。

2. 固定资金利用效果的核算

反映固定资金利用效果的指标有两类:一类是单项的技术经济指标;另一类是综合性的价值指标。但要全面反映固定资金的利用情况,必须运用综合性的价值指标。反映固定资金利用情况的综合性价值指标,主要有固定资金产值率和固定资金利润率。

(1)固定资金产值率

固定资金产值率是企业在一定时间内所完成的总产值同固定资产平均占用额的比率,通常以每百元固定资金所提供的产值来表示。每百元固定资金提供的产值越多,说明固定资金的利用效果越好。

(2)固定资金利润率

固定资金利润率是指企业在一定时期内所实现的利润总额同固定资金平均占用额的比率,一般用每百元固定资金所提供的利润来表示。每百元固定资金所提供的利润越多,说明固定资金的利用效果越好。

（三）流动资金的核算

流动资金核算的主要内容是流动资金周转率、流动资金产值率和流动资金利润率。

1. 流动资金周转率

流动资金周转率反映着流动资金的周转速度，通常用年周转次数或周转一次所需天数表示，其计算公式如下：

$$流动资金年周转次数 = \frac{年销售收入总额}{年流动资金平均占用额}$$

$$流动资金周转一次所需天数 = \frac{1}{流动资金年周转次数} \times 360$$

或

$$= \frac{年流动资金平均占用额}{年销售收入总额} \times 360$$

在生产规模等因素确定的条件下，流动资金周转越快，需要的流动资金越少；流动资金周转越慢，需要的流动资金越多。加快流动资金周转，可以利用现有的流动资金为更大的生产规模服务，加速生产的发展。

2. 流动资金产值率

流动资金产值率是反映流动资金使用效果的指标，通常用每百元流动资金提供的产值表示。其计算公式如下：

$$每百元流动资金产值 = \frac{年总产量}{年流动资金平均占用额} \times 100$$

每百元流动资金提供的产值越多，说明流动资金利用的效果越好。

3. 流动资金利润率

流动资金利润率是指企业在一定时期内所实现的利润总额同流动资金平均占用额的比率，通常用每百元流动资金所实现的利润表示。其计算公式如下：

$$每百元流动资金所实现的利润 = \frac{利润总额}{年流动资金平均占用额} \times 100$$

四、农业盈利的核算

农业盈利是指农业收入扣除成本、费用和支出后的剩余部分，其实质就是利润总额，因此，盈利的核算就是利润的核算。利润的核算是农业经济核算的又一重要内容，它包括利润额的核算和利润率的核算。

利润额是利润的绝对量，用公式表示如下：

利润总额 = 营业利润 + 补贴收入 + 营业外收支净额 + 投资收益

利润额只能说明利润量的多少，不能反映利润水平的高低。因为利润额的多少，不仅取决于生产经营的成果，而且还取决于生产规模，所以在考核利润情况时，还要考核利润率。

利润率可分别用企业的利润额与成本、产值和资金进行对比,以便从不同角度反映企业的利润水平。

(一)成本利润率

成本利润率是指企业1年中的利润总额与产品成本总额的比率。用公式表示如下:

$$成本利润率 = \frac{利润总额}{产品成本总额} \times 100\%$$

这一指标说明投入1元成本能创造利润的多少,促使企业以最少的消耗,创造尽可能多的物质财富。

(二)产值利润率

产值利润率是企业的年利润总额与年生产总值的比率。用公式表示如下:

$$产值利润率 = \frac{年利润总额}{年总产值} \times 100\%$$

该指标说明每1元产值能实现利润的多少,指标值越大越好。

(三)资金利润率

资金利润率是企业年利润总额与年占用资金总额的比率。用公式表示如下:

$$资金利润率 = \frac{年利润总额}{年占用资金总额} \times 100\%$$

该指标说明企业占用1元资金,能创造多少利润。能够全面地反映企业资金利用的效果,可以促使企业更合理更有效地使用全部资金。

第七章　乡村振兴进程中农村经济管理和转型

第一节　乡村振兴战略的内涵诠释

乡村振兴战略是我国推进农村税费改革、新农村建设、城乡一体化改革后的又一重大战略决策,具有重大历史性、理论性和实践性意义。

一、乡村振兴战略的背景

(一)我国"三农"政策的变迁

进入21世纪之前,我国实施农业支持工业的战略,主要通过从农业中汲取资金支持工业。进入新世纪以后,我国逐步将原农业支持工业战略转变为工业反哺农业战略。2002年,党的十六大报告首次提出了"统筹城乡经济社会发展"。2003年,胡锦涛同志提出要把解决好"三农"问题作为全党工作的重中之重。2004年9月,胡锦涛同志在十六届四中全会中提出"两个趋向"的重要论断。第一个趋向,即在工业化初始阶段,农业支持工业、为工业提供积累是带有普遍性的趋向,绝大多数国家在工业化初期阶段发展工业的资金都来自农业。第二个趋向,即在工业化达到相当程度后,工业反哺农业、城市支持农村,实现工业与农业、城市与农村协调发展,也是带有普遍性的趋向,在理论界被称为工业化中期阶段。也就是说,在工业化中期阶段以后,一个国家或者地区的基本工业体系已经形成且相对完整,工业有了自我发展、自我积累的能力,不需要从农业中汲取资金。相反,农业因为长期为工业提供资金,其发展相对滞后,客观上需要工业为其"输血"。

在"两个趋向"的基础上,胡锦涛同志又提出"我国现在总体上已到了以工促农、以城带乡的发展阶段"的重要判断。

从教育方面看,2003年以前,由于相当一部分农村教育都是民办,即农民自己筹集资金开展农村教育基础设施建设,导致当时城乡教育差距明显。从医疗方面看,2003年以前,接近80%的农村居民没有任何医疗保障,因此,从2003年开始,我国在一些地区试点实行新型农村合作医疗。新型农村合作医疗深受农民的欢迎,截至2007年9月底,开展新型农村合作医疗的县(市、区)占全国总数的85.5%,参加农民近7.26亿人,参合率达到86%,2008

年 6 月已经实现全面覆盖的目标。

2005 年 3 月，温家宝同志在第十届全国人大三次会议上的政府工作报告中提出，适应我国经济发展新阶段的要求，实行工业反哺农业、城市支持农村的方针，合理调整国民收入分配格局，更多地支持农业和农村发展。2005 年 10 月，党的十六届五中全会提出"建设社会主义新农村是我国现代化进程中的重大历史任务"。2006 年中央一号文件部署了推进社会主义新农村建设，提出了"五句话、二十个字"，即生产发展、生活宽裕、乡风文明、村容整洁、管理民主。这一阶段，我国推行了农业税收减免政策。2004 年,《中共中央国务院关于促进农民增加收入若干政策的意见》提出要"逐步降低农业税税率，2004 年农业税税率总体上降低 1 个百分点，同时取消除烟叶外的农业特产税"。2005 年中央一号文件提出，"减免农业税、取消除烟叶以外的农业特产税""进一步扩大农业税免征范围，加大农业税减征力度"。2005 年 12 月 29 日，十届全国人大常委会第十九次会议通过了关于废止农业税条例的决定。

与此同时，从 2004 年开始，我国相继实行了"四大补贴"政策：一是良种补贴。该补贴从 2002 年开始试点，2004 年在全国正式推开。现在，我国主要农产品品种，包括种植业、畜牧业、渔业都实施了良种补贴。二是种粮农民直接补贴。该补贴从 2004 年开始实施，按照农民承包土地亩数面积计算。三是农机购置补贴，即国家对农民购买农机具给予补贴，该补贴最初补贴 1/3，后来转变为定额补贴。四是农资综合补贴。该补贴从 2006 年开始实施。随着经济的发展，我国劳动力成本、各种原料及农业生产资料价格逐步上升，因此，国家实施了农业生产资料综合补贴。

2004 年开始，我国对主要农产品实施了最低收购价格。2004 年、2005 年主要针对稻谷实施最低保护价收购，2006 年开始对小麦实施最低保护价收购。随后，我国对其他农产品也实行了相应的价格保护政策。由于 2008 年后政府最低收购价逐年提升，我国主要农产品价格也逐渐高于国际生产价格。2015 年、2016 年国内主要农产品价格已经大大高于国际同类农产品价格，每种产品价格在不同时期高出的幅度也不同。这种情况下就必须改革我国主要农产品的价格形成机制。2014 年，我国对粮食价格形成机制进行改革，对大豆和棉花实行目标价格制度。2016 年，财政部印发了《关于建立玉米生产者补贴制度的实施意见》，取消了玉米临时收储政策，实行生产者补贴政策。

在公共事业上，2006 年，我国对西部地区农村义务教育阶段学生全部免除学杂费，2007 年，对全国农村义务教育阶段学生全部免除学杂费。2007 年 7 月，国务院下发了《关于在全国建立农村最低生活保障制度的通知》，开始在全国逐渐推行建立农村低保。从居民养老保险制度来看，2007 年 10 月，党的十七大报告强调，"覆盖城乡居民的社会保障体系基本建立，人人享有基本生活保障"，并强调要"探索建立农村养老保险制度"。2009 年，国务院发布了《关于开展新型农村社会养老保险试点的指导意见》，从 2009 年开始实施。新农保试点的基本原则是"保基本、广覆盖、有弹性、可持续"。"保基本"就是保障农村养老基本生活、基本需求。"广覆盖"就是逐渐提高覆盖面，最终让所有农村居民的养老问题都纳入制度。2014

年,国务院印发了《关于建立统一的城乡居民基本养老保险制度的意见》(以下简称"《意见》")。《意见》提出,"十二五"末,在全国基本实现新农保与城市职工基本养老保险制度相衔接;2020年前,全面建成公平、统一、规范的城乡居民养老保险制度。从医疗保险领域来看。2012年,国家发展改革委、卫生部等六部门发布了《关于开展城乡居民大病保险工作的指导意见》。2015年,国务院办公厅发布了《关于全面实施城乡居民大病保险的意见》,开始在全国推行城乡居民大病保险。2016年,国务院印发了《关于整合城乡居民基本医疗保险制度的意见》,把城镇居民基本医疗保险和新型农村合作医疗整合在一起,形成城乡居民基本医疗保险(城乡居民医保)。城乡居民医保从2016年开始实施,其最终目标是让城镇居民和农村居民的基本医疗保险达到一致,使保险在区域上可以互相接续。这样既有利于人口的流动,又有利于农村居民整体医疗保险水平的提高。

党的十八大以来,我国农业农村政策在很多方面体现在中央一号文件上。2013年中央一号文件《中共中央国务院关于加快发展现代农业进一步增强农村发展活力的若干意见》,其中第六部分是"改进农村公共服务机制,积极推进城乡公共资源均衡配置"。2013年中央一号文件还强调要"努力建设美丽乡村"。2015年,国家质量监督检验检疫总局、国家标准化管理委员会发布《美丽乡村建设指南》国家标准,就是用于指导全国不同地区不同情况的美丽乡村建设。2014年中央一号文件提出"健全城乡发展一体化体制机制""开展村庄人居环境整治""推进城乡基本公共服务均等化"。2015年中央一号文件强调,"围绕城乡发展一体化,深入推进新农村建设",指出"中国要美,农村必须美"。文件还强调,要在2015年解决无电人口用电问题,加快推进西部地区和集中连片特困地区农村公路建设。2016年中央一号文件强调,"加快建设社会主义新农村""社会主义新农村建设水平进一步提高"。2017年中央一号文件强调,要"壮大新产业新业态,拓展农业产业链价值链""大力发展乡村休闲旅游产业""培育宜居宜业特色村镇""支持有条件的乡村建设以农民合作社为主要载体、让农民充分参与和受益,集循环农业、创意农业、农事体验于一体的田园综合体"。

(二)"三农"工作取得的成效

1. 粮食总产量年年丰收。

根据国家统计局数据,2004—2015年,我国粮食生产实现了12年连续增产。虽然2016年的全国粮食总产量(61625万吨)较2015年的全国粮食总产量(62144万吨)有所降低,但降低的并不多。2017年全国粮食总产量是61791万吨,虽然在总量上没有超过2015年的62144万吨,但是较2016年的61625万吨还是有所提升。总体来讲,从2004年到2017年,我国粮食总产量虽然没有形成"十四连增",却是"十四连丰",全国粮食从21世纪以来每年都是丰收的状态。

2. 农村居民人均纯收入快速增长。

根据国家统计局数据,2012年农村居民人均纯收入7917元,实际增长10.7%,高于国内生产总值(2012年国内生产总值增速为7.7%)。2016年农村居民人均可支配收入12363元,实际增长6.2%,低于国内生产总值增速(2016年国内生产总值增速为6.7%),但是2017年农村居民人均可支配收入实际增长又大于国内生产总值增长。城乡居民收入之比从2010年开始呈下降状态,2016年是2.72:1。

3. 脱贫攻坚取得显著成效。

2013年以来,全国每年减少贫困人口1000万人以上。党的十八大以来,已基本完成580多万人的易地扶贫搬迁建设任务。形成贫困的原因有很多,其中一个重要的原因就是有些地方根本不适合生存,所以就要把他们搬到适合创业、适合生存、适合生产的地方。第三次全国农业普查主要数据公报显示,截至2016年年底,全国有99.3%的村通公路,村内主要道路有路灯的村占全部村的比重是61.9%,全国通电的村占全部村的比重是99.7%,91.3%的乡镇集中或部分集中供水,90.8%的乡镇生活垃圾集中处理或部分集中处理,73.9%的村生活垃圾集中处理或部分集中处理,17.4%的村生活污水集中处理或部分集中处理,53.5%的村完成或部分完成改厕。从农户来看,10995万户的饮用水为经过净化处理的自来水,占47.7%;使用水冲式卫生厕所的8339万户,占36.2%,也就是说,1/3以上的农户已经使用水冲式卫生厕所了;无厕所的469万户,占2.0%。

(三)"三农"工作面临的形势

"十三五"时期,我国农业农村发展的外部条件和内在动因正在发生深刻变化,既存在不少有利条件,也面临很多困难和挑战。

从有利条件看,一是中央高度重视"三农"工作,加快补齐农业农村短板已经成为全党全社会共识,我国发展仍处于可以大有作为的重要战略机遇期,经济长期向好的基本面没有改变,强农惠农富农政策体系将更加完善。二是粮食等主要农产品供给充足,城乡居民消费结构加快升级,新一轮科技革命和产业变革正在孕育兴起,为农业转方式、调结构、拓展发展空间提供了强有力的支撑。三是农村改革和城乡一体化深入推进,将进一步激发农村发展活力,为促进农民增收和农村繁荣提供持续动力。四是全球经济一体化进程加快以及"一带一路"等倡议的实施,有利于更好地统筹利用两个市场两种资源,缓解国内资源环境压力,优化国内农业结构。

从困难挑战看,一是农业供给侧结构性改革任务艰巨,玉米等农产品库存积压和优质化、多样化、专用化农产品供给不足的问题并存,农业生产成本持续上升,农业生产效益低而不稳,农业基础设施建设滞后,农产品质量安全风险增多,农业面临的国际竞争压力加大。二是农业资源环境问题日益突出,水土资源紧张,部分地区耕地基础地力下降明显,面源污染加重,拼资源、拼消耗的生产方式难以为继,农村劳动力老龄化加速,专业型、技术型、创新型人才和青壮年劳动力缺乏,谁来种地的问题逐步显现,实现农业持续发展任重道远。三是我国经济发展进入新常态,经济增速放缓,持续大幅增加财政"三农"投入空间有限,农民工外出就业和工资增长难度加大。四是城乡二元结构问题突出,城乡资源要素平等交换和均衡配置仍存在体制性障碍,农村基础设施和公共服务依然薄弱,缩小城乡差距任务繁重。

"十三五"时期我国农业农村发展机遇与挑战并存、希望与困难同在,农业稳定发展、农民持续增收的任务非常艰巨。必须牢固树立强烈的短板意识,坚持问题导向,不断创新工作思路,凝聚各方力量,落实新发展理念,破解发展难题,合力开拓农业农村工作新局面。

二、实施乡村振兴战略的重要意义

党的十九大报告提出实施乡村振兴战略,具有重大的历史性、理论性和实践性意义。从历史角度看,它是在新的起点上总结过去,谋划未来,深入推进城乡发展一体化,提出了乡村发展的新要求、新蓝图。从理论角度看,它是深化改革开放,实施市场经济体制,系统解决市场失灵问题的重要抓手。从实践角度看,它是呼应老百姓新期待,以人民为中心,把农业产业搞好,把农村保护建设好,把农民发展进步服务好,提高人的社会流动性,扎实解决农业现代化发展、社会主义新农村建设和农民发展进步遇到的现实问题的重要内容。

(一)实施乡村振兴战略是解决发展不平衡不充分矛盾的迫切要求

中国特色社会主义进入新时代,这是党的十九大报告做出的一个重大判断,它明确了我国发展新的历史方位。新时代,伴随社会主要矛盾的转化,对经济社会发展提出更高要求。新时代我国社会主要矛盾已经转化为人民日益增长的美好生活需要和不平衡不充分的发展之间的矛盾。改革开放以来,随着工业化的快速发展和城市化的深入推进,我国城乡出现分化,农村发展也出现分化,目前最大的不平衡是城乡之间发展的不平衡和农村内部发展的不平衡,最大的不充分是"三农"发展的不充分,包括农业现代化发展的不充分、社会主义新农村建设的不充分、农民群体提高教科文卫发展水平和共享现代社会发展成果的不充分等。从决胜全面建成小康社会,到基本实现社会主义现代化,再到建成社会主义现代化强国,解决这一新的社会主要矛盾需要实施乡村振兴战略。

(二)实施乡村振兴战略是解决市场经济体系运行矛盾的重要抓手

改革开放以来,我国始终坚持市场经济改革方向,市场在资源配置中发挥越来越重要的作用,提高了社会稀缺配置效率,促进了生产力发展水平大幅提高,社会劳动分工越来越深、越来越细。随着市场经济的深入发展,需要考虑市场体制运行所内含的生产过剩矛盾以及经济危机等问题,需要不断扩大稀缺资源配置的空间和范围。解决问题的途径是实行国际国内两手抓,除了把对外实行开放经济战略、推动形成对外开放新格局,包括以"一带一路"建设为重点加强创新能力开放合作,拓展对外贸易、培育贸易新业态新模式、推进贸易强国建设,实行高水平的贸易和投资自由化、便利化政策,创新对外投资方式、促进国际产能合作,加快培育国际经济合作和竞争新优势等作为重要抓手外,也需要把对内实施乡村振兴战略作为重要抓手,形成各有侧重和相互补充的长期经济稳定发展的战略格局。由于国际形势复杂多变,相比之下,实施乡村振兴战略更加安全可控、更有可能做好和更有福利效果。

（三）实施乡村振兴战略是解决农业现代化的重要内容

经过多年的持续不断的努力，我国农业农村发展取得重大成就，现代农业建设取得重大进展，粮食和主要农产品供求关系发生重大变化，大规模的农业剩余劳动力转移进城，农民收入持续增长，脱贫攻坚取得决定性进展，农村改革实现重大突破，农村各项建设全面推进，为实施乡村振兴战略提供了有利条件。与此同时，在实践中，由于历史原因，目前农业现代化发展、社会主义新农村建设和农民的教育科技文化发展存在很多突出问题迫切需要解决。面向未来，随着我国经济不断发展，城乡居民收入不断增长，广大市民和农民都对新时期农村的建设发展存在很多期待。把乡村振兴作为党和国家战略，统一思想，提高认识，明确目标，完善体制，搞好建设，加强领导和服务，不仅呼应了新时期全国城乡居民发展新期待，而且也将引领农业现代化发展和社会主义新农村建设以及农民教育科技文化进步。

三、乡村振兴战略的科学内涵

相比较新农村建设而言，乡村振兴战略的内容更全面，内涵更丰富，层次更高，目标更大，这是新时代我国农村工作发展方向和理念的一次深刻变革。其战略导向体现在"三个坚持"上，即坚持高质量发展、坚持农业农村研究发展、坚持走城乡融合发展道路。

（一）产业兴旺是乡村振兴的核心

新时代推动农业农村发展核心是实现农村产业发展。农村产业发展是农村实现可持续发展的内在要求。从中国农村产业发展历程来看，过去一个时期主要强调生产发展，而且主要是强调农业生产发展，其主要目标是解决农民的温饱问题，进而推动农民生活向小康迈进。从生产发展到产业兴旺，这一提法的转变，意味着新时代党的农业农村政策体系更加聚焦和务实，主要目标是实现农业农村现代化。产业兴旺要求从过去单纯追求产量向追求质量转变、从粗放型经营向精细型经营转变、从不可持续发展向可持续发展转变、从低端供给向高端供给转变。城乡融合发展的关键步骤是农村产业融合发展。产业兴旺不仅要实现农业发展，还要丰富农村发展业态，促进农村一、二、三产业融合发展，更加突出以推进供给侧结构性改革为主线，提升供给质量和效益，推动农业农村发展提质增效，更好地实现农业增产、农村增值、农民增收，打破农村与城市之间的壁垒。农民生活富裕的前提是产业兴旺，而农民富裕、产业兴旺又是乡风文明和有效治理的基础，只有产业兴旺、农民富裕、乡风文明、治理有效有机统一起来才能真正提高生态宜居水平。党的十九大将产业兴旺作为实施乡村振兴战略的第一要求，充分说明了农村产业发展的重要性。当前，我国农村产业发展还面临区域特色和整体优势不足、产业布局缺少整体规划、产业结构较为单一、产业市场竞争力不强、效益增长空间较为狭小与发展的稳定性较差等问题，实施乡村振兴战略必须要紧紧抓住产业兴旺这个核心，作为优先方向和实践突破点，真正打通农村产业发展的"最后一公里"，为农业农村实现现代化奠定坚实的物质基础。

（二）生态宜居是乡村振兴的基础

习近平同志在十九大报告中指出,加快生态文明体制改革,建设美丽中国。美丽中国的起点和基础是美丽乡村。乡村振兴战略提出要建设生态宜居的美丽乡村,更加突出了新时代重视生态文明建设与人民日益增长的美好生活需要的内在联系。乡村生态宜居不再是简单强调单一化生产场域内的"村容整洁",而是对"生产、生活、生态"为一体的内生性低碳经济发展方式的乡村探索。生态宜居的内核是倡导绿色发展,是以低碳、可持续为核心,是对"生产场域、生活家园、生态环境"为一体的复合型"村镇化"道路的实践打造和路径示范。绿水青山就是金山银山。乡村产业兴旺本身就蕴含着生态底色,通过建设生态宜居家园实现物质财富创造与生态文明建设互融互通,走出一条中国特色的乡村绿色可持续发展道路,在此基础上真正实现更高品质的生活富裕。同时,生态文明也是乡风文明的重要组成部分,乡风文明内涵则是对生态文明建设的基本要求。此外,实现乡村生态的良好治理是实现乡村有效治理的重要内容,治理有效必然包含着有效的乡村生态治理体制机制。从这个意义而言,打造生态宜居的美丽乡村必须要把乡村生态文明建设作为基础性工程扎实推进,让美丽乡村看得见未来,留得住乡愁。

（三）乡风文明是乡村振兴的关键

文明中国根在文明乡风,文明中国要靠乡风文明。乡村振兴想要实现新发展、彰显新气象,传承和培育文明乡风是关键。乡土社会是中华民族优秀传统文化的主要阵地,传承和弘扬中华民族优秀传统文化必须要注重培育和传承文明乡风。乡风文明是乡村文化建设和乡村精神文明建设的基本目标,培育文明乡风是乡村文化建设和乡村精神文明建设的主要内容。乡风文明的基础是重视家庭建设、家庭教育和家风家训培育。家庭和睦则社会安定,家庭幸福则社会祥和,家庭文明则社会文明;良好的家庭教育能够授知识、育品德,提高精神境界、培育文明风尚;优良的家风家训能够弘扬真善美、抑制假恶丑,营造崇德向善、见贤思齐的社会氛围。积极倡导和践行文明乡风能够有效净化和涵养社会风气,培育乡村德治土壤,推动乡村有效治理;能够推动乡村生态文明建设,建设生态宜居家园;能够凝人心、聚人气,营造干事创业的社会氛围,助力乡村产业发展;能够丰富农民群众文化生活,汇聚精神财富,实现精神生活上的富裕。实现乡风文明要大力实施农村优秀传统文化保护工程,深入研究阐释农村优秀传统文化的历史渊源、发展脉络、基本走向;要健全和完善家教家风家训建设工作机制,挖掘民间蕴藏的丰富家风家训资源,让好家风好家训内化为农民群众的行动遵循;要建立传承弘扬优良家风家训的长效机制,积极推动家风家训进校园、进课堂活动,编写优良家风家训通识读本,积极创作反映优良家风家训的优秀文艺作品,真正把文明乡风建设落到实处,落到细处。

（四）治理有效是乡村振兴的保障

实现乡村有效治理是推动农村稳定发展的基本保障。乡村治理有效才能真正为产业兴旺、生态宜居、乡风文明和生活富裕提供秩序支持,乡村振兴才能有序推进。新时代乡村治理的明显特征是强调国家与社会之间的有效整合,盘活乡村治理的存量资源,用好乡村治理的增量资源,以有效性作为乡村治理的基本价值导向,平衡村民自治实施以来乡村社会面临的冲突和分化。也就是说,围绕实现有效治理这个最大目标,乡村治理技术手段可以更加多元、开放和包容。只要有益于推动实现乡村有效治理的资源都可以充分地整合利用,不再简单强调乡村治理技术手段问题,而忽视对治理绩效的追求和乡村社会的秩序均衡。党的十九大报告提出,要健全自治、法治、德治相结合的乡村治理体系。这不仅是实现乡村治理有效的内在要求,也是实施乡村振兴战略的重要组成部分。这充分体现了乡村治理过程中国家与社会之间的有效整合,既要盘活村民自治实施以来乡村积淀的现代治理资源,又毫不动摇地坚持依法治村的底线思维,还要用好乡村社会历久不衰、传承至今的治理密钥,推动形成相辅相成、互为补充、多元并蓄的乡村治理格局。从民主管理到治理有效,这一定位的转变,既是国家治理体系和治理能力现代化的客观要求,也是实施乡村振兴战略,推动农业农村现代化进程的内在要求。乡村治理有效的关键是健全和完善自治、法治、德治的耦合机制,让乡村自治、法治与德治深度融合、高效契合。例如,积极探索和创新乡村社会制度内嵌机制,将村民自治制度、国家法律法规内嵌到村规民约、乡风民俗中去,通过乡村自治、法治和德治的有效耦合,推动乡村社会实现有效治理。

(五)生活富裕是乡村振兴的根本

生活富裕的本质要求是共同富裕。改革开放40多年来,农村经济社会发生了历史性巨变,农民的温饱问题得到彻底解决,农村正在向全面建成小康社会迈进。但是,广大农村地区发展不平衡不充分的问题也日益凸显,积极回应农民对美好生活的诉求必须要直面和解决这一问题。生活富裕不富裕,对于农民而言有着切身感受。长期以来,农村地区发展不平衡不充分的问题无形之中让农民感受到一种"被剥夺感",农民的获得感和幸福感也随之呈现出"边际现象",也就是说,简单地靠存量增长已经不能有效提升农民的获得感和幸福感。生活富裕相较于生活宽裕而言,虽只有一字之差,但其内涵和要求却发生了非常大的变化。生活宽裕的目标指向主要是解决农民的温饱问题,进而使农民的生活水平基本达到小康,而实现农民生活宽裕主要依靠的是农村存量发展。生活富裕的目标指向则是农民的现代化问题,是要切实提高农民的获得感和幸福感,消除农民的"被剥夺感",而这也使生活富裕具有共同富裕的内在特征。如何实现农民生活富裕?显然,靠农村存量发展已不具有可能性。有效激活农村增量发展空间是解决农民生活富裕的关键。而乡村振兴战略提出的产业兴旺则为农村增量发展提供了方向。

第二节 乡村振兴与农村经济发展

乡村振兴是新时代做好农业农村工作的一条主线,也是实现农业现代化的重要途径。

自2017年党的十九大报告提出实施乡村振兴战略以来，全国31个省（市、自治区）和大部分市县都出台了乡村振兴战略规划，制定了相关政策体系，乡村振兴战略取得了一系列进展。但人们同时看到，农村经济发展中的一些深层次问题并没有得到有效解决，如何把乡村振兴与农村经济发展更好地结合起来，是深入推进乡村振兴战略需要解决的一个重大课题。

一、乡村振兴在农村经济发展中的地位

农业是经济的基础。作为一个农业大国，农业农村工作一直是党和政府工作的一个重点。尽管在不同的历史时期，农村经济发展的指导思想、方式、内容不同，但是，农村经济发展一直是解决农业农村问题的基础性问题。新时代提出的乡村振兴战略，不同于单纯的农村经济发展，涉及农村生产力和生产关系的调整，对于农村经济发展具有统领作用。

（一）乡村振兴是引领农村经济发展的纲领

多年的经济实践说明，经济发展也有为谁发展的问题。抛开为谁发展而单纯发展经济，很容易出现贫富悬殊等诸多问题，农村经济发展同样如此。改革开放以后，随着农村土地经营制度的改革，农村经济得到较快发展，农民收入不断增加。但同时也出现了集体经济被削弱、粮食成本增加、收入差距扩大、基础设施投入不足、发展后劲不足、农业生产力老化、环境恶化等问题。这足以说明，单纯就发展农村经济谈农村经济发展是不行的。中央提出的乡村振兴战略，明确提出了"产业兴旺、生态宜居、乡风文明、治理有效、生活富裕"的总要求。应当说，乡村振兴战略是对过去农村经济发展中片面追求经济效益的纠正，它更具有全面性、统筹性、方向性，对农村经济发展具有纲领性、引领性作用。

（二）产业振兴是乡村振兴的基础，也是农村经济发展的核心

中共中央、国务院《关于实施乡村振兴战略的意见》明确提出："乡村振兴，产业兴旺是重点。"站在生产力和生产关系的角度说，产业兴旺是乡村振兴战略的物质基础，也是农村经济发展的关键问题。随着生产力的发展和农业内部分工越来越细，我国农业处在向现代农业转型的过程之中，提高农业的规模效益和平均利润显得日益突出。产业兴旺，本质就是要不断围绕农业生产产前的农业机械、化肥农药供应，产中的种植、喷灌、施肥，产后的加工储藏、运输、销售等环节，形成专业化的产业链条，不断提高整体经济效益，不断为农民提供就业条件，为收入增加打下坚实的基础，同时也为解决农村的其他问题提供物质条件。从某种程度上说，没有产业的振兴，就谈不上乡村振兴。

二、乡村振兴与农村经济发展的基本关系

在谈乡村振兴时，一些人简单认为乡村振兴就是发展农村经济，或者把发展农村经济简单看作乡村振兴。这两种认识都是没有正确把握好乡村振兴与农村经济发展的关系。那么乡村振兴与农村经济发展究竟是什么关系？

（一）乡村振兴与农村经济发展的联系

无论从字面还是从内涵上看，乡村振兴与农村经济发展都是不可分割地联系在一起的。乡村振兴主要包括统筹城乡发展空间、优化乡村布局、分类推进乡村发展，脱贫攻坚、夯实农业生产力基础、提升农业装备水平、加快农业结构调整，建立现代农业经营体系、发展壮大农村产业、建立生态宜居美丽乡村，繁荣发展乡村文化等，可见，乡村振兴所包含的内容十分广泛，相比较来说，乡村振兴的内涵要比农村经济发展的内涵丰富得多。但是，无论乡村振兴的内涵多么丰富，基础是农村经济发展。换句话说，城乡发展布局的统筹、建立生态宜居魅力乡村、发展乡村文化等，都离不开发展农村经济这个基础，都要有利于更好地推进农村经济发展。如果无助于农村经济发展，其他内容都将失去物质基础。从一定意义上说，农村经济发展是乡村振兴的经济基础，忽视农村经济发展的乡村振兴，不是真正意义上的乡村振兴。在乡村振兴战略实施过程中，千万不能忽视农村经济发展。搞好乡村振兴，关键是抓好农村经济发展。

（二）乡村振兴与农村经济发展的区别

乡村振兴与农村经济发展虽然有着不可分割的关系，但是两者毕竟是不同的概念，不能混为一谈。乡村振兴与农村经济发展的内涵不同。乡村振兴是个大概念，既包括经济发展，也包括政治、文化、生态等诸多内容，它的目的是提升农业品质，增强农业创新能力，实现百姓富、生态美，激发乡村文明新气象，健全乡村治理体系，促进公平正义，让亿万农民走上共同富裕的道路。农村经济发展的内涵就要简单得多，它偏重于农村生产力的发展，偏重于农业农村发展中"物"的东西，如粮食品种、粮食产量、产业结构、基础设施、农民增收等，其出发点和落脚点更多地着眼于农业所产生的经济效益，并把经济效益看作衡量农村经济发展的重要标准，而不看这种发展给环境、收入差距、资源、生态等带来什么样的影响。

（三）正确处理乡村振兴与农村经济发展的关系是实现农村经济发展的关键

回顾新中国成立以来我国农村经济发展的历史不难发现，在实现我国农业现代化的道路上，都要处理好农村的经济、政治、文化、生态以及城乡等各方面的关系，正确处理好乡村振兴和农村经济发展的关系。做好农业农村工作，不可能做到"一枝独秀"，必须统筹发展，只要农村经济发展了，就能解决农业农村中的一切问题。也就是说，农村经济发展，要放在乡村振兴这个大框架下来把握，不能像过去那样为了发展而发展，不能造成新的土地荒废、农民收入增长缓慢、抵御自然灾害能力下降、投入大、产出低、效益小、环境破坏严重、贫富差距拉大等问题。现在看来，过去在农村经济发展中"宁要社会主义的草，不要资本主义的苗"是不对的，那种"只顾埋头拉车，不顾抬头看路"的做法，同样是存在问题的，在乡村振兴战略实施的过程中，这种做法应当得到有效纠正。

三、发展农村经济，必须落实好乡村振兴战略

乡村振兴是解决我国长期存在的社会主要矛盾、实现两个百年目标的重要举措。受长期以来唯 GDP 的影响，在实施乡村振兴战略中，仍然存在把发展农村经济当作乡村振兴的片面认识。如何实现乡村振兴与农村经济同步、协调发展，仍然是实施乡村振兴战略中需要解决的一个重大课题。

（一）突出产业发展这个核心

如前所述，推进乡村振兴战略，必须突出产业发展这个核心。但是，追求产业发展，必须符合"产业兴旺、生态宜居、乡风文明、治理有效、生活富裕"这个总要求，不能再像以前那种"装进篮子里都是菜"。突出产业发展，首先要夯实农业生产力这个基础。我国是人口大国，也是农业大国，这就决定了中国人的饭碗必须端在中国人自己手里。一方面，优化农业生产力布局，根据不同地区的资源禀赋和比较优势，打造农业现代化先行区。另一方面，加快打造特色优势产业，加强品牌、标准体系建设，按照《乡村振兴实施战略规划》的要求，努力在一县一业、一村一品上实现新突破。突出产业发展，还要格外加强农业后备人才的培养。我国农村目前面临的最大问题是农村劳动力老龄化问题，目前工作在农业第一线的大多是 40 岁到 60 岁的农民。国家应该采取措施，鼓励外出打工青年回乡创新创业，为农村产业发展不断注入新的活力。不能一方面讲乡村振兴、产业发展，另一方面对农村后备劳动力不足的问题视而不见。如果不重视这个问题，将会严重影响农业农村的可持续发展。

（二）抓好乡村文明这个关键

总结以往农村发展的经验和教训，今后在农村经济发展的同时，必须按照乡村振兴的总要求，牢牢把握住乡村文明建设这个关键。乡村文明是塑造农业形象、农民灵魂的工作，必须常抓不懈。改革开放以来农村中出现的村霸、地头蛇等势力以及高彩礼、赌博等现象，与乡村文明建设缺失有很大的关系。一方面，要在建设公平公正社会上下更大的功夫，最大限度缓解农村社会中的"功利化"倾向，减轻农民负担和生活压力，增强他们的幸福感；另一方面，加强村规民约建设，在广大农村扎扎实实广泛开展发挥文明村、文明户建设，在建设过程中，发挥农民的主体作用，让农民选出自己认可的文明户、文明村，杜绝在乡村文明建设中的弄虚作假问题，真正让评选出来的文明户、文明村起到示范带动作用。

（三）夯实基层党组织这个基础

农村基层党组织是乡村振兴的直接组织者、领头人，夯实基层党组织，首先要选好村支部带头人。在选村支部带头人的过程中，要充分发挥广大党员的作用，体现广大党员的意志。当前迫切需要解决基层党支部书记选举中存在的金钱及地方黑恶势力的影响，更不能谁有钱谁当选村支部书记。另外，村基层党组织要切实发挥作用。目前在有些地方还存在基层党组织脱离群众、群众不认可、不能组织动员群众的问题，迫切需要建立相应的制度，鼓励基

层党组织走进群众中,与群众打成一片。一方面,上级党组织要率先垂范,走出办公室,经常深入群众之中,为群众办实事办好事;另一方面,要把与群众交朋友作为考核基层党组织是否发挥作用的重要内容,鼓励基层党组织成员与群众结对子、做朋友,看他们从群众中吸收了多少好做法、好建议。

第三节 乡村振兴下农村经济经营管理

农业是我国国民建设以及发展的根基,解决三农问题是我国市场经济建设的重点,三农问题直接影响民生。现阶段我国对三农问题给予更多关注,将乡村振兴作为社会建设和发展的重要目标,为乡村振兴促进农村经济社会管理做出了一系列努力。三农问题是历史遗留问题,受政策、环境以及区域的因素影响较大,给农村经济管理带来很大困难,要想在根本上提高农村经济管理的问题,还需要客观分析每一个区域农业产业以及经济发展的特点,因地制宜地促进农村经济发展,从而保证农村经济的健康可持续发展。

一、乡村振兴农村经济经营管理的重要性

(一)有利于缩小城乡发展差距

在我国市场经济快速发展中,城镇化的发展速度越来越快,农村与城镇的发展差距也越来越大,十九大会议提出"乡村振兴"的战略目标,强化农村经济的经营和管理,可以进一步优化农村经济的产业结构,整合农村经济资源,提高农村经济的发展效率,这可以大幅度缩小现阶段城乡发展差距,改变传统农村经济社会发展落后的局面。现阶段我国关注农村基础设施的完善,大力开发农村扶贫工作,这些都是为了更好地实现农村经济的经营和管理,让农村的经济资源发挥出最大的社会效益,对促进社会的稳定具有重要意义。

(二)有利于为农村经济发展提供科学指导

各个区域的农村经济产业特点存在很大差别,乡村振兴背景下农村经济管理可以为现代农村经济的发展提供明确的方向,帮助农村经济发展解决面临的风险和问题,有效促进农村经济产业效益的最大化。同时,对农村进行经济管理,有利于整合各个区域农村的经济产业资源,从而让生态效益、自然效益等充分转变为经济效益,促进农村经济产业的可持续发展。

(三)有利于为农村经济发展提供制度保障

有效的农村经济管理对农村经济和产业的发展影响巨大,可以为农村经济建设提供有效的制度保障。一直以来我国传统农村经济产业发展速度缓慢,农村经济市场也比较混乱,而通过有效的农村经济管理,可以进一步规范农村经济行为,维护农村的市场经济秩序,对

农村经济出现的违法违规问题也能给予惩治,这对提高农民农业生产的积极性具有重要帮助。不仅如此,也为农村的经济发展提供了明确的标准和依据,促进了农村经济发展的科学化、规范化以及专业化,进一步完善了农村经济发展的质量。

二、乡村振兴背景下农村经济管理的现状及困难

(一)农村基础设施不完善,信息化技术水平低

目前,我国基层农村地区经济产业的发展仍然保持着传统的理念,在经济建设中缺乏创新,同时当前农村的基础设施建设也极大影响着农村经济发展质量,当前很多基层农村地区基础设施不够完善,基层农村政府部门也没有关注基础设施建设的重要性,对农村经济建设与管理缺乏基础设施和政策投入,比如农村交通基础设施不完善,很多农村道路都是土质,交通质量极差,不仅严重影响了农户的日常出行,同时给农村经济的建设和发展也带来了很大难度。当前我国农村基础信息化水平比较低,农业技术生产现代化并没有得到全面推广,很多偏远农村地区还在沿用传统的劳作方式,生产技术方面缺乏创新,不仅严重影响了农业产业的效率,同时也制约了农村地区的经济发展。

(二)缺乏科学的农业经济管理体制

现阶段我国农村地区的经济管理模式普遍以传统的小农经济模式为主,在农业生产技术化以及规模化的发展中,这种经济管理模式已经无法满足现代农业发展的需求,农业集体经济管理趋势越发显著。此外,目前我国农业生产和发展受自然环境因素影响较大,很多地区受到自然灾害的影响,农作物产量降低,在农业生产中无法实现规模化。现阶段,我国基层农业的发展还缺乏科学的经济管理体制,基层农户利益在市场交易中很难得到保障,农业生产与农业企业之间也存在一定的信息不对称问题,无法落实农业产业化的发展,给现代农业的经济管理带来一定影响。

(三)缺乏高素质以及专业的经济管理人才

农村经济的经营管理需要高素质人才的支持,无论是现代化生产技术还是产业的管理,都需要高技能和高素质的人才。但是目前我国农村基层普遍缺乏高素质以及专业的经济管理人才,很多高素质人才都流向城市,不愿意参与农村经济建设,很多地区还存在人才大量流失的问题,很多农村地区青壮年进城务工,留下儿童和老人,很多农业生产技术和工具无法得到有效的推广,严重制约了农村地区的经济发展与管理,这是我国乡村振兴需要关注的重点问题。

三、乡村振兴背景下强化农村经济经营与管理的措施

(一)完善农村基础设施建设

针对乡村振兴背景下农村基础设施薄弱的问题,基层政府部门要给予高度重视,在政策

以及资金和技术方面大力支持农村基础设施的建设和完善。首先,要积极增加农村基础设施的资金投入,修缮农村交通,完善农村交通条件,这不仅可以方便农村的生产和农民出行,同时也会帮助农村经济建设引进社会投资,促进农村经济产业化发展,拓展农村经济发展的途径。其次,要积极强化农村的信息化建设,加快农村基层网络通信,建设覆盖农村各个区域的网络光纤,为农村电子商务的发展以及经济建设信息化提供重要支持,在根本上改变农村经济发展的面貌,同时也会进一步提高农民的生活质量,对我国乡村振兴具有重要意义。

(二)完善农村经济经营管理体制和政策

为了更好地规范农村经济发展秩序,针对农村各个区域的经济特色以及产业结构,还需要进一步完善农村经济经营管理的体制以及政策。首先,明确农村经济管理的责任和义务,健全农村经济管理监督,对农村村镇政府存在的贪污腐败问题要坚决抵制,强化农村基层的党风廉政建设,为农村经济管理提供健康的政治经济环境,充分保证农村基层经济建设的规范性和科学性。要进一步完善扶持农村经济发展的政策,如完善农民养老社会保障政策、农村土地流转政策等,更好地维护基层农民群众的利益,贯彻乡村振兴战略,为乡村振兴提供科学的战略保障,同时也为农村现代化经济与产业的发展提供依据,有效弥补传统农村经济建设发展的体制漏洞。

(三)培养和引进高素质经济管理人才

在完善农村基础设施以及技术条件的同时,要进一步加快对农村高素质经济管理人才的引进和培养。首先,社会青年群体要积极响应国家号召,深入基层农村地区扎根于基层,服务于农村经济建设管理,为农村经济建设做出贡献,对此基层政府部门要积极做好政策的宣导工作,吸引高素质以及高技术人才参与到农村经济经营管理中。基层农村经济的建设和产业化发展,要提高对高素质人才的薪资待遇,例如提高大学生村干部的工资标准,让高素质人才能积极投身于乡村振兴。这不仅可以发挥农村的经济建设与管理整合人才的优势,还能保证农村经济管理的科学性和规范性。

乡村振兴是新形势下我国农村经济发展的重要战略目标,为了促进乡村地区经济的可持续发展,要积极强化农村经济的经营与管理,完善农村经济建设的基础设施和信息化水平,推广先进的农业生产工艺和技术,完善农村地区的经济政治体制,有效促进农村经济与城市协同发展。这对提高农村经济发展效率、改善农村经济面貌具有重要意义,能有效稳定国民经济建设,保持农村经济的可持续性发展。

第四节 乡村振兴下农业经济信息化

乡村振兴战略是当前社会的热点话题。在农业发展的过程中,需要充分运用互联网信息技术,只有这样才能够保证农业的生产效率,进而推动乡村振兴,为国家的农业增长和农民增收奠定坚实的基础。

一、农业信息化时代背景下的乡村振兴的实际价值

（一）为乡村振兴注入源源不断的动力

改革开放给我国的城市发展带来了全新的机遇，直接提升了市民的经济收入，改善了居住条件和生活环境。但是在一些比较偏远的乡村，自然资源的限制和交通设施的落后，直接阻碍了农村的整体发展，给农民的经济收入和居住条件带来了消极影响。虽然国家制定了一系列的政策，但是在落实的过程中没有得到有效发挥，导致农村的发展始终处于一个相对缓慢的状态。随着信息化技术不断升级，农村产业迎来了一个美好的春天，直接改变了传统的农村模式，从源头上真正实现了乡村振兴。其中主要体现在农业农村信息化发展上，进而推动了城乡一体化发展。

（二）为农民增收和农村致富提供了丰富多样的机会

我国是一个典型的农业大国，正在朝着农业强国的方向进发。只是农村的现状，以及复杂多变的地形条件，直接制约了我国农业的现代化发展。而且农民人口基数较大，加上农村经济的薄弱性，使得一些偏远的山区依旧处于极度贫困的状态。长久以来，我国的低收入群体中农民占据了一大部分。随着农业信息化不断推进，可以从源头上解决当前土地资源稀缺的现状。借助高新技术优势，提升土地的亩产量，进而实现更加高效的农业增长，为农民增收提供坚实的保障。

（三）农村农业产业结构的优化升级

现代化农业的发展直接改变了传统的农村农业经济结构，打破了单一种植的农业模式。从传统的种植产业来看，其基础相对薄弱，直接给农村的经济发展带来了严重的阻碍。进入21世纪之后，农业信息化技术的发展给农村产业链带来了全新的机遇。一方面提升了农村农业的种植效果，减少了人力资本的投入；另一方面也提升了整体的生产效率，推动农产品朝着产业化的方向发展。在信息技术的支持下，国内的农村农业形成了系统化的产业链，很多农民在科技的支持下实现了更高的经济收入，打破了原有的贫困格局。

二、农业经济信息化过程中现存的问题

（一）落后的基础设施

保证农业经济的信息化，一定要以完善的基础设施为有效支撑，包括信息技术、计算机等。虽然农村地区的基础设施还未达到很高的层次要求，但是随着信息化建设的速度不断加快，越来越多的居民体验到了高科技带来的无限便利。但是在一些信息相对闭塞的区域，当地的政府和人民对国家政策还未形成体系化的认识，使得他们很难紧跟时代的步伐。

（二）消息延时性

信息的延迟性直接阻碍了农业经济的信息化发展进程。一些重要的信息发布后，个别乡村无法在第一时间获取关键有效的信息，信息的价值很难有效发挥。

（三）缺少农业经济信息化的重视力度

国内很多地方的农业发展模式依旧以传统的人力种植为主，还未真正采用过机械化的种植模式。传统的种植模式给农业发展带来了许多不确定性，不仅不能提升农业的整体效率也会影响到最终的生产成本。如今许多农民依旧采取赶集的形式进行农产品销售。

三、推进农业信息化发展的措施

（一）政府引导作用的强化

政府在农业信息化发展中具有重要的作用。最近几年，地方政府在国家政策的指导下进一步推进了乡村振兴战略，为农村的发展提供了机遇。作为有形的手，政府应该采取多样化的措施干预农村的经济生活，引领农民朝着正确的方向发展，这是实现农业信息化发展的关键步骤。考虑到国内农业结构存在一定的问题，如果仅凭借农业自身的资源优势，很难实现产业链的完善升级。因此需要有第三方机构进行干预，通过系列宏观调控政策，保证信息化的普及。

（二）市场推动效力的充分发挥

在农业信息化发展的过程中，市场的作用也是至关重要的。就像水果蔬菜价格的上涨，很多农民会根据市场的情况种植果树、蔬菜。总的来说，市场价格会调节农业信息化的主要内容，按照整体的需求实现更高层次的升级。在政府的引领下，农民可以根据真实有效的数据信息，按照指定的要求把握市场的基本情况，进而推动整体的信息化进程。随着信息技术的普及，农业的生产效率也得到了有效提升。农民可以根据市场的需要自觉地生产相关的农产品，进而推动信息化技术的升级。

（三）农民主力军作用的发挥

在发展农业的过程中，农民是从事农业生产的主体，也是实现农业信息化的关键要素。所以在乡村振兴的环节要关注农民的实际情况，充分调动他们的积极性和创造性，只有这样才能够为农业信息化发展提供更加及时的信息。随着信息化发展水平的不断提升，农村也有了更加丰富多样的内容。乡村图书馆和文化礼堂的建设使农民有了提升自我的空间。除此之外，政府部门定期开展的科普讲座可以让农民掌握更多的信息化技术，进而推动农业朝着更深层次的方向发展。

综合以上叙述，乡村振兴背景下的农业经济信息化问题是一个系统性的问题。在实践的过程中想要切实地将农业经济信息化水平提高，就需要根据实际现状做出有效的发展方案，配合以相关的发展措施，来促进农业经济信息化发展水平的提高。

第五节　乡村振兴战略背景下的农业经济管理优化策略

一、乡村振兴战略背景下农业经济管理的重要性

（一）有利于建立具有现代化特点的经济体制

在乡村振兴战略背景下，应对农业经济管理模式进行全面创新，使农业经济发展规模扩大，并且向着更加规范的方向发展，有利于改变分散式的农业发展状况，同时使独立式经营模式向着规模化的经营模式转变，提升农业的生产效率，使农业生产效益水平全面提高，推动农业经济的快速发展。

（二）有利于为现代农业发展提供科学指导

在城市化建设速度逐渐加快的背景下，农村劳动力大量流失，并且涌向了城市，这使一些农村地区劳动力出现了老龄化的特点，由于农民群体文化水平不高，在生产中多数人没有接受过专业的教育，仅依靠老一辈的经验来进行生产，这使农业生产的发展受到了一定的影响。在缺少专业人才的情况下，市场调研及预测方面容易产生问题，从而使农业生产的进行受阻，无法保证农业经济的效益，不利于农业的发展。对农业经济管理工作的全面落实，可使农民群体得到相应的技术支持，传授农业生产知识可改变农民生产理念，使农业生产的水平得到全面的提升。

（三）有利于排除影响农业经济发展的各类因素

在当前的乡村振兴发展背景下，我国对农业经济发展更加重视，由于一些农村地区的基础建设水平比较低，交通发展也比较落后，经济发展受到了影响，无法为农产品的销售提供条件。同时，我国的土地面积比较广阔，在不同的地区有着不同的环境及气候特点，对农业生产造成了一定的影响，可能会使自然资源的利用率降低，无法实现农业生产的目标，不利于农业经济发展。因此，应推进农业经济管理，提升农业监管水平，进而有效推动农业生产。

二、乡村振兴战略背景下农业经济管理存在的主要问题

在乡村振兴发展背景下，农村经济的发展受到了较多因素的影响，如果不结合其中的问题进行详细分析，就无法制定有效的措施来进行改善。根据农业经济管理的情况分析，管理工作的实施还需优化，其中存在着一些缺陷不利于农业经济的发展，难以实现乡村振兴的目标。

（一）农业经济管理机制有待改善

在农业经济管理工作中，收支程序及账务设置方面存在问题，管理工作会受到影响，由于农业经济管理机制没有更新，难以满足当前的实际需求，而农业经济管理机制作为工作进

行的基础,当其存在问题的时候,管理与农业经济发展之间会产生不匹配的特点,无法使农业经济发展得到有效的支持。通过对农业经济管理机制的分析发现,管理机制没有完善,同时没有结合实际情况来建立,所以农业经济管理水平得不到提升。此外,相关部门应发挥出相应的管控作用,结合完善的农业市场机制来推动农业经济管理工作,使农业经济管理工作发挥出更好的效果。

(二)农业产业模式比较落后

在农村经济发展中,农业生产主要为农作物种植,其经济效益影响着农村的经济发展,而在一些地区,农业生产经济效益不理想,这是由于农业生产模式没有得到优化,采取的方式比较传统单一,经济效益受到了农作物收成的影响,产品自身缺少附加值。农业经济管理可实现对农业产业模式调整的指导,而结合目前的农业经济管理情况来看,农业生产管理模式无法满足实际的需求,农业经济主要为个体经营,规模化经营比较少,也受到了农村经济发展的影响,这使农业发展难以实现规模化建设目标,农业经济发展问题更加显著,对农业经济管理工作造成了影响,农业产业模式难以发挥出其自身的优势。

(三)农业经济管理人才资源匮乏

农业经济管理具有复杂的特点,关系农业经济发展的整个过程,管理的内容比较多,传统的农业经济管理无法发挥出有效的作用。在教育等因素影响下,专业的经济管理人员比较少,人才的缺乏难以使经济管理工作顺利开展,同时,信息经济管理技术也没有落实,经济管理的实施效果大大减弱。虽然我国高校开设了农业经济管理专业,也培养了有专业管理能力的人员,但是落后的乡村基础设施对人才吸引程度不高,人才数量不平衡问题比较显著,要想改善该情况,应大力引进经济管理人才,给人才资源的建设带来保障。

三、乡村振兴背景下加强农业经济管理工作的有效措施

(一)改变农业经济管理工作理念

在乡村振兴背景下,为了实现优化农业经济管理的目标,应当全面改变原有的管控概念,确保新理念能够得到贯彻落实,应结合农村地区的实际发展情况来开展相应工作。由于我国乡村发展阶段相对较长,因此在实际工作中普遍存在着理念落后的问题。转变基础管理理念属于长期工作,应当通过加强管控与组织培训等方式,使农业经济工作团队能够明确当前乡村振兴要求,改变传统认知观念,实现更新管控方法的目标。在未来,应当转变传统经济管理理念,平衡相关发展资源,确保农业经济管控能够得到创新优化,使乡村振兴理念得到全面落实,建立良性的农业、经济发展循环。

(二)建立完善的农村地区经济管理工作机制

建立完善的经济管理工作机制可使农业经济发展得到有效的保障,应对经济管理制度中的各项内容及责任进行明确,使责任全面落实。在实施经济管理工作的时候,需要结合农

业发展情况来对资源进行量化分配,可使农业资源的利用率提升,同时,农业部门应在保持财政支持政策稳定的情况下,根据当地的财力情况来做出恰当的安排,可使农业经济管理的实施更加顺利。应对支农财政资金进行科学安排及管理,并且根据农业经济管理的需求来对财政支出结构进行优化,将支持重点进行调整,可使其向农业经济管理工作方向倾斜,同时,应制定相应的政策规定,发挥出政策的支持作用,还需制定符合国情的农业经济管理文件,为农业经济的建设及发展提供有效的支持。此外,应将农业经济管理作为重要的内容,使相关工作的开展能够起到辅助作用,全面发挥出经济管理工作的作用,进而促进农村经济的快速发展。

(三)全面加强调研及服务工作效果

应对农业经济管理服务体系进行完善,对管理职能有效引导,将乡村振兴战略作为指导内容,结合农村经济发展目标来制订相应的规划,并且制定符合农业发展要求的政策,对农村经济管理机制进一步完善,使组织管理职能能够在管理工作中得到全面的体现,同时,应发挥出党组织及各基层组织在其中的作用。农业经济管理组织应具备服务意识,能够为农民提供良好的服务,使农民得到有效的支持,结合农民提出的意见进行分析,并且根据当地的实际情况全面调查,使农业经济管理工作顺利开展,使农村经济的建设获得更多的动力。同时,在服务质量提升下,农民群众的支持程度也会提升,这为农业经济管理工作的进行提供了更好的条件。此外,应对各项管理工作的要求进行明确,使管理的整体水平提升,加强管理的规范性,为农业生产、管理等提供支持,并且解决农业经济管理中存在的各项问题,进而提升农业生产的水平。

(四)提高农业经济管理信息化水平

在信息技术的快速发展下,为了推动农业经济管理工作的进行,可将信息技术应用到实际的管理中,实现对经济管理的有效优化,使农业经济管理工作得到改善,加快乡村振兴目标的实现。在实施过程中,应将互联网技术与农业经济管理之间有效结合,鼓励农村居民使用网络来获取市场的相关数据,为调查提供参考依据,根据相关数据情况来开展农业生产,使农业经济管理得到支持,提升管理的整体水平。同时,管理部门应重视相关制度的建设,使信息技术的应用得到规范,使农业生产及管理的效率提升,增加群众的积极性,使农业经济管理工作具备完善的基础条件。政府部门应对大型农机具改造进行推进,使农村生产机械化水平提高,全面提升生产的效率,建立农业协同创新平台,结合发达国家的农业生产技术来对传统生产模式进行优化,引进相应的新型农业生产机械设备,使其在生产中发挥出有效的作用。还需加大农业科研投入力度,使农业生产技术得到创新,能够为农民的生产提供更多的支持,改变传统的生产模式。政府部门需要做好农业科技的推广工作,提供农业科技等公共社会服务,使农民群众了解农业生产机械化相关内容,接受机械化生产模式。同时,应落实农机购置补贴政策,对经济不发达的贫困农村地区加大补贴力度,使农业经济管理得到更好的支持,促进农业生产效益水平的提升。

（五）丰富农业生产资金来源渠道

农业经济管理及发展需要金融的支持，为了获取更加丰富的渠道，相关部门应为农业经济发展提供相应的支持。可通过将金融机构规模扩大来提供有效的支持，金融机构在为农业经济建设及管理提供服务的时候，应与城市建设发展划分开来，根据农村的实际情况，借鉴城市的发展经验，制订能够满足地区发展需求的金融方案。同时，政府应为金融机构提供资金方面的支持，使金融机构的整体运行水平得到提升，同时可使农业经济管理能力提高，还需建立金融及科技融合的农业发展环境，借助大数据及网络等技术方式来提高农村金融功能自身的优势，使农村经济管理工作获得更加全面的资金支持，为农业经济管理工作的进行提供良好的条件。还应对生态农村金融发展模式进行优化，由政府带头来推动绿色产业、绿色能源在农村地区的应用，农业生产具备更加完善的条件，对农业经济的发展有着促进的作用。

（六）加大力度引进高素质管理人才

在乡村振兴战略实施背景下，农村地区农业经济管理工作的实施需要人才的支持，为了提升管理水平，需要加强对人才队伍的建设，结合管理对人才的需求，使农业生产模式得到有效改善，采用更加高效的农业生产技术，在降低投入成本的情况下，提升经济收入水平。政府部门可提供人才相关政策来支持农业经济管理工作的实施，使人才资源建设水平提升。相关部门应增加在人才聘用方面投入的成本，提高人才的待遇水平，为其提供良好的工作条件，这样可吸引更多的人才参与到农业经济管理工作中。还需为农业经济管理人才提供相应的环境，留住人才，为农业经济管理工作的开展提供有效的支持，可使其更好地投入到实际工作中。同时，应加强对农业经济管理工作的宣传，使更多的人才主动加入工作之中，能够为农村地区的经济建设贡献自己的力量，推动农村经济的发展。农业经济对人才引入有着一定的要求，应加强与教育领域之间的合作，通过高校培养经济管理人才来为农业经济管理提供更多的人才资源，使农业经济管理的发展获得更多的动力，进而促进农村经济的发展。

（七）提升农业市场化水平

目前农村产业市场化水平比较低，无法使市场的运作机制发挥有效作用，应根据农村的发展情况来统筹市场的资源，使市场化规模扩大。政府应在其中发挥调节功能，对资源配置进行优化，利用行政手段来限制经济发展，使农业经济发展方向得到明确，同时，应对农业市场进行调节，使农业市场的经济活力提升。应对农业市场资源分配不均衡的问题进行改善，建立相应的市场化机制，将政府干预管理作为重要的手段，借助资源优势为农业市场化发展带来帮助。行政资源配置会对农村地区的经济发展造成影响，无法实现乡村振兴的目标，为了使农村建设发展得到支持，应将市场机制作为农业经济管理的重要手段，使农业经济管理与农业市场之间有效融合，借助市场来发挥推动作用，使农村地区的经济管理机制得到落实。同时，可减少政府的直接干预，提升农村地区市场的经济活力，使农村地区的经济借助自身的力量来调节,并且建立具有农村地区特色的产业体系,实现农村特色经济发展目标,使农村经济管理实施获得有效的支持。

为了实现农村经济的快速发展目标,改善乡村发展情况,应为农业经济发展提供有效的支持。可通过加强农业经济管理来落实各项工作,改变农业经济管理工作理念,建立完善的农村地区经济管理工作机制,全面加强调研及服务工作效果,提高农业经济管理信息化水平,丰富农业生产资金来源渠道,加大力度引进高素质管理人才,提升农业市场化水平,使农业经济发展水平提升。

参考文献

[1] 巢洋, 范凯业, 王悦. 乡村振兴战略：重构新农业 重构适合中国国情的农业"产融五阶"体系 [M]. 北京：中国经济出版社, 2019.

[2] 方天堃. 农业经济管理 [M]. 中国农业大学出版社, 2019.

[3] 方天堃, 陈仙林. 农业经济管理 [M]. 北京：中国农业大学出版社, 2005.

[4] 郭庆海. 农业经济管理 [M]. 北京：中国农业出版社, 2012.

[5] 贺雪峰. 乡村治理与农业发展 [M]. 武汉：华中科技大学出版社, 2017.

[6] 侯秀芳, 王栋. 乡村振兴战略下"智慧农业"的发展路径 [M]. 青岛：中国海洋大学出版社, 2019.

[7] 江苏省农林厅科教处. 乡村农业服务体系建设与管理 [M]. 南京：江苏科学技术出版社, 1991.

[8] 九溪翁, 王龙泉. 再崛起：中国乡村农业发展道路与方向 [M]. 北京：企业管理出版社, 2015.

[9] 赖涪林. 农业经济研究调查技术与方法 [M]. 上海：上海财经大学出版社, 2016.

[10] 李秉龙, 王胜利, 王可山. 农业经济管理概论 [M]. 北京：中共中央党校出版社, 2005.

[11] 李卫东. 乡村休闲旅游与景观农业 [M]. 北京：中国农业大学出版社, 2019.

[12] 梁金浩. "互联网+"时代下农业经济发展的探索 [M]. 北京：北京日报出版社, 2018.

[13] 柳咏芬, 王利仁, 徐凤珠. 农业经济管理 [M]. 哈尔滨：黑龙江人民出版社, 2008.

[14] 马丽娟, 高万里. 特色农业应用型人才培养与助力乡村振兴战略研究 [M]. 西安：陕西科学技术出版社, 2021.

[15] 乔宏. 基于乡村振兴战略的农业园区金融支持研究 [M]. 长春：吉林大学出版社, 2018.

[16] 田阡, 苑利. 多学科视野下的农业文化遗产与乡村振兴 [M]. 北京：知识产权出版社, 2018.

[17] 汪发元, 王文凯. 现代农业经济发展前沿知识和技能概论 [M]. 武汉：湖北科学技术出版社, 2010.

[18] 王培志. 农业经济管理 [M]. 济南：山东人民出版社, 2016.

[19] 吴方卫. 农业经济学研究方法论 [M]. 上海：上海财经大学出版社, 2015.

[20] 赵俊仙, 胡阳, 郭静安. 农业经济发展与区域差异研究 [M]. 长春：吉林出版集团股

份有限公司,2018.

[21] 周炜坚.乡村振兴战略下丽水生态农业科技创新研究[M].石家庄:河北科学技术出版社,2019.

[22] 祝见龙.农业经济管理[M].石家庄:河北科学技术出版社,2016.